DUDEN

Die schriftliche Arbeit

Ein Leitfaden zum Schreiben von
Fach-, Seminar- und Abschlussarbeiten
in der Schule und beim Studium

Literatursuche, Materialsammlung und
Manuskriptgestaltung mit vielen Beispielen

3., völlig neu erarbeitete Auflage

Von Jürg Niederhauser

DUDENVERLAG
Mannheim · Leipzig · Wien · Zürich

Vorwort

Das Verfassen schriftlicher Arbeiten ist eine zentrale Tätigkeit im Studium und in Leistungskursen der gymnasialen Oberstufe. Zwar spielt das Erstellen von Arbeiten nicht in allen Studienrichtungen und in allen Studienfächern eine gleich große Rolle, aber am Ende eines jeden erfolgreich abgelegten Studiums steht die Anfertigung einer Abschlussarbeit (Diplom-, Magister-, Staatsexamens-, Lizenziatsarbeit). In vielen Studiengängen sind zudem als Leistungsnachweise während des Studiums eine Reihe kleinerer und größerer Arbeiten (z. B. Facharbeiten, Thesenpapiere, verschriftlichte Referate, Seminararbeiten) zu schreiben.

Dieser kleine Leitfaden soll helfen, die Anfertigung und Gestaltung schriftlicher Arbeiten zu erleichtern. Er bietet Hinweise zu einem möglichst effizienten Vorgehen beim Schreiben von Arbeiten, bei der Suche von Literatur sowie Muster zur Gestaltung der Texte, der Literaturangaben und Literaturverzeichnisse. Auf knappem Raum enthält er die wesentlichsten Punkte, die beim Erstellen wissenschaftlicher Arbeiten zu beachten sind.

Angesprochen und knapp dargestellt werden sämtliche Phasen der Erstellung einer wissenschaftlichen Arbeit: Konzeption und Eingrenzung des Themas, Materialsammlung, Literatursuche, Organisation des Materials, das eigentliche Schreiben der Arbeit und die wesentlichen Darstellungselemente wissenschaftlicher Arbeiten wie Zitate, Literaturverweise, Literaturverzeichnisse etc.

Auf 32 Seiten lassen sich diese Themen nur in äußerster stichwortartiger Verknappung darstellen, zumal sie in einer nicht auf ein bestimmtes Fach zugeschnittenen Form dargeboten werden. In etlichen Instituten bestehen genaue Gestaltungsvorgaben für das Anfertigen schriftlicher Arbeiten. Detaillierte, fachspezifische Vorschriften dieser Art finden sich im vorliegenden Leitfaden natürlich nicht; er bietet generelle Hinweise, die als grundsätzliche Hilfe beim Verfassen von schriftlichen Arbeiten dienen können.

Die Beispiele erscheinen der Übersichtlichkeit halber in einer anderen Schrift. Dadurch ist auch gleich ersichtlich, welche Verweise und Angaben Teil der Beispiele sind und deshalb innerhalb der Darstellung nicht weiter aufgeschlüsselt werden.

Die angegebenen Internetadressen entsprechen dem Stand März 2000.

Jürg Niederhauser   Bern im Januar 2000

Inhaltsverzeichnis

1 Zur Wissenschaftlichkeit wissenschaftlicher Arbeiten   4

2 Wichtige Phasen der Erstellung einer Arbeit   5

3 Sondieren, Recherchieren, Konzipieren   6

3.1   Zur Festlegung des Themas einer Arbeit   6
3.2   Formen wissenschaftlicher Literatur   7
3.3   Auf der Suche nach wissenschaftlicher Literatur   8
3.4   Zur Literatur- und Informationssuche im und mit dem Internet   10
3.4.1 Informationen im Internet   10
3.4.2 Bibliotheken im Internet   10
3.4.3 Informationssuche und Recherchieren im Internet   11

4 Material sammeln, ordnen und auswerten   12

5 Schreiben und Gestalten   14

5.1   Zum Schreiben von Arbeiten, Schreibprobleme   14
5.2   Bestandteile einer wissenschaftlichen Arbeit, Gliederung   17
5.3   Zur Gestaltung des Manuskripts   17
5.4   Elemente wissenschaftlicher Arbeiten   19
5.4.1 Inhaltsverzeichnis, Kapitelgliederung   19
5.4.2 Titelblatt   19
5.4.3 Abbildungen, Grafiken, Tabellen   21
5.4.4 Abkürzungen   21
5.4.5 Fremdsprachige Begriffe   21
5.4.6 Fußnoten, Fußnotenzeichen   22
5.4.7 Zitate, Zitieren   23

6 Belegen von Literatur und Quellen, Literaturangaben   24

6.1   Belegen und Verweisen   24
6.2   Literaturbelege und -verweise im laufenden Text (Autor-Jahr-System)   25
6.3   Literaturangaben   27
6.3.1 Zur prinzipiellen Form von Literaturangaben   27
6.3.2 Selbstständig erschienene Quellen   28
6.3.3 Unselbstständig erschienene Quellen   29
6.3.4 Unveröffentlichte Quellen   29
6.3.5 Fremdsprachige Quellen   30
6.3.6 Zitieren von Internetquellen   30
6.4   Literaturverzeichnis   31

7 Zu guter Letzt   31

8 Erwähnte Literatur zum Thema   32

1 Zur Wissenschaflichkeit wissenschaftlicher Arbeiten

Zwar musste man im Kopf wendig bleiben, weil mancher Dozent ein Anhänger
der „Anti-a.a.O.-Fußnotenschule" war und einem alles mit dem Rotstift ausmerzte,
was nicht mit ebd. angemerkt wurde.

Jens Rehländer

Wer der Redaktion einer wissenschaftlichen Zeitschrift ein Manuskript vorlegt, wer eine Dissertation, eine Magister- oder eine Seminararbeit einreicht, weiß, dass eine solche Arbeit in einer ganz bestimmten Art und Weise gestaltet sein muss, dass etwa die Textstruktur einem festgelegten Muster zu folgen hat oder dass bestimmte Darstellungselemente wie Zitate, Belegnachweise oder Literaturangaben vorhanden sein müssen. Niemand kommt wohl heute auf die Idee, eine Facharbeit, eine Diplomarbeit oder einen wissenschaftlichen Artikel in Versform oder in Reimen abzufassen. Genauso wenig haben Sie wahrscheinlich vor, Ihre Seminar-, Diplom- oder Doktorarbeit auf Lateinisch zu verfassen, obschon das nach den Richtlinien der meisten Universitäten eigentlich möglich wäre.

Damit ein Artikel als Beitrag einer wissenschaftlichen Disziplin gilt, ist eben nicht nur dessen Inhalt von Belang, sondern auch dessen Präsentation, dessen Darstellungsformen. Die Darstellungsformen des Wissens, die sich innerhalb einer wissenschaftlichen Disziplin herausgebildet haben, stellen einen wesentlichen Teil der Geschichte und der aktuellen Praxis einer Wissenschaft dar. Die in einem wissenschaftlichen Fach üblichen Konventionen des Darstellens gelten auch für Fach-, Proseminar-, Seminar- und Abschlussarbeiten. Solche Arbeiten sind also im deutschen Schul- und Universitätssystem nicht einfach Aufsätze oder Essays über ein fachliches Thema. Eine Fach-, Proseminar-, Seminar- oder Abschlussarbeit zu schreiben heißt, einen Text zu verfassen, der sich an den Standards wissenschaftlichen Darstellens im betreffenden Fach orientiert.

Das bedeutet allerdings weder, dass es bei der Anfertigung einer wissenschaftlichen Studienarbeit eigentlich nur um formale Aspekte geht und der Inhalt nebensächlich ist, noch, dass die Wissenschaftlichkeit einer Arbeit von einer bestimmten Zitierweise abhängt oder etwa davon, ob bei einer Literaturangabe nach der Jahreszahl ein Doppelpunkt oder ein Komma gesetzt wird.

Es bedeutet, dass man sich beim Schreiben einer Arbeit für die genaue Form einzelner Elemente wissenschaftlichen Darstellens zu entscheiden hat – sofern nicht enge Vorgaben eines Instituts zur Gestaltung von Arbeiten zu befolgen sind. Es bestehen nämlich nicht nur große Unterschiede zwischen wissenschaftlichen Arbeiten aus verschiedenen Fächern, beispielsweise zwischen einem Artikel in einer physikalischen Fachzeitschrift und einer germanistischen Gedichtinterpretation, auch wissenschaftliche Publikationen aus einer Disziplin weisen durchaus Unterschiede in der formalen Gestaltung auf, wie sich bei einem Blick in einige Zeitschriften und Publikationen eines Fachgebietes zeigt. Ob man innerhalb der in einem Fach üblichen Darstellungsformen dieser oder jener Gestaltungskonvention folgt, hat mit Wissenschaftlichkeit nichts zu tun. Was hingegen verlangt wird, ist Einheitlichkeit innerhalb einer Arbeit.

Die formalen Eigenheiten wissenschaftlicher Texte sind übrigens nicht einfach Selbstzweck, sondern letztlich formale Ausprägungen der Anforderungen, die an die Wissenschaftlichkeit einer Arbeit gestellt werden. Was die Wissenschaftlichkeit einer Arbeit ausmacht, ließe sich, grob vereinfacht, etwa folgendermaßen umreißen: Wissenschaftlich arbeiten heißt, einen auch für andere erkennbaren Gegenstand im Hinblick auf eine bestimmte Fragestellung nachvollziehbar zu behandeln, Methoden nachprüfbar anzuwenden, die Quellen offen zu legen, die Erkenntnisse rational zu ordnen und sie öffentlich mitzuteilen. Es gilt, mit methodischem Bewusstsein vorzugehen, sich innerhalb der Arbeit über sein Vorgehen, über seine Entscheidungen, über die verwendeten Begriffe Rechenschaft zu geben und seinen Gedankengang argumentativ darzustellen. Es geht bei einer wissenschaftlichen Arbeit nicht nur darum, Daten und Fakten zusammenzutragen, sondern zu versuchen, zwischen diesen Daten und Fakten Zusammenhänge herzustellen. Konventionen des Zitierens und Belegens, der Darstellung von Literaturbelegen sind somit letztlich eine Folge der Tatsache, dass eine wissenschaftliche Arbeit die notwendigen Angaben enthalten muss, die es ermöglichen, ihre Argumentation nachzuvollziehen, ihre Quellen und ihre Hypothesen zu überprüfen. Das betrifft aber, wie gesagt, eine generelle Ebene, nicht die Details der Ausgestaltung einzelner Elemente wissenschaftlichen Darstellens. Eine allgemein gültige Anleitung zum Abfassen wissenschaftlicher Arbeiten gibt es nicht, nicht einmal für ein Fach. Was im Folgenden präsentiert wird, sind Hinweise auf mögliche, brauchbare Konventionen des Darstellens.

2 Wichtige Phasen der Erstellung einer Arbeit

Das Anfertigen einer wissenschaftlichen Arbeit umfasst eine Reihe unterschiedlicher Tätigkeiten und lässt sich entsprechend den Arbeitsschritten in verschiedene Phasen einteilen. Eine mögliche Einteilung ist im Folgenden mit kurzen Erläuterungen aufgeführt. Diese Phasen sind eher analytische Trennungen der anfallenden Arbeitsschritte, die sich in der Praxis teilweise überschneiden können. Sie sind nicht zuletzt nützliche Planungseinheiten. Um einen Zeitplan für eine Arbeit aufzustellen, ist es sinnvoll, für jede der vorkommenden Phasen Zeit einzuplanen; dies gilt besonders auch für die verschiedenen Phasen des Schreibens und Redigierens. Die meisten Hausarbeiten und Abschlussarbeiten entstehen unter großem Zeitdruck, sodass man gegen Schluss oft froh sein muss, die Arbeit überhaupt termingerecht irgendwie fertig gestellt zu haben. Zeitdruck und Hetze lassen sich mit Planen nicht völlig vermeiden, Planungen werden ja auch immer wieder umgestoßen. Aber mit einer realistischen Planung, die den verschiedenen Phasen des Anfertigens einer Arbeit und des Schreibens Rechnung zu tragen versucht, lässt sich zumindest der Tatsache etwas entgegenwirken, dass beim Schreiben einer Arbeit für einzelne Phasen oft kaum mehr Zeit bleibt. Das wirkt sich auch auf eine Arbeit aus. Überarbeiten und Redigieren sind Arbeitsschritte, die entscheidend zur Verbesserung der Qualität eines Textes beitragen können.

☞ **Sondieren** Interesse für ein Thema, Festlegung auf einen Themenbereich, erste Suche nach Literatur und Material.

☞ **Recherchieren** Genauere Eingrenzung des Themas und der zu untersuchenden Fragestellung, Literatursuche, Materialbeschaffung, Recherche, gegebenenfalls Konzipieren einer empirischen Untersuchung oder experimenteller Versuche.

☞ **Konzipieren** Eingrenzung der Fragestellung, Zuspitzung des Materials im Hinblick auf die gewählte Fragestellung, gegebenenfalls Planen von Experimenten, Befragungen oder der Beschaffung von Quellen, die als Grundlage einer Untersuchung dienen sollen.

☞ **Untersuchen und Auswerten** Untersuchen, Experimente, Befragungen von Literatur und Material, Zusammenstellen der Notizen und des Materials, Konzipieren der Präsentation der Untersuchungsergebnisse, Konzept und Gliederung der Arbeit erstellen.

☞ **Schreiben und Redigieren** Das eigentliche Schreiben der Arbeit lässt sich seinerseits wieder in verschiedene Phasen unterteilen:

→ **Konzipieren** Die Konzeptionsphase des Schreibens überschneidet sich natürlich mit der Auswertungsphase, geht es doch darum, Konzept und Gliederung der Arbeit zu erstellen und die Stoßrichtung des Textes festzulegen.

→ **Formulieren** Formulieren einer ersten Fassung, eines Rohmanuskripts.

→ **Überarbeiten.**

→ **Redigieren.**

3 Sondieren, Recherchieren, Konzipieren

3.1 Zur Festlegung des Themas einer Arbeit

Ein größenwahnsinniges Huhn hatte den Entschluss gefasst, eine Abhandlung zu schreiben. „Worüber?", fragten seine Mithühner. „Über alles", antwortete das größenwahnsinnige Huhn. Seine Mithühner zeigten sich skeptisch und gaben ihm zu bedenken, alles sei vielleicht doch ein bisschen zu viel. Das größenwahnsinnige Huhn korrigierte daraufhin sein Vorhaben und sagte, es würde eine Abhandlung über fast alles schreiben.

Luigi Malerba

Teilweise ist das Thema einer Arbeit schon von Anfang an bestimmt durch äußere Vorgaben. Wer im Rahmen eines Seminars ein klar umrissenes Vortragsthema übernimmt und dieses Referat zu einer Seminararbeit ausbaut oder wer eine Hausarbeit zu einem Thema anzufertigen hat, muss nicht nach einem Thema suchen. Allerdings ist selbst bei einem vorgegebenen Thema oft noch die zu untersuchende Fragestellung genauer festzulegen. Das Bestimmen eines Themas gehört aber vielfach zum Anfertigen einer Arbeit. Die genaue Festlegung des Themas einer wissenschaftlichen Arbeit, und vor allem die Eingrenzung des gewählten oder gestellten Themas, ist ein wichtiger Arbeitsgang, der oft unterschätzt wird. Angemessenes Eingrenzen eines Themas ermöglicht es überhaupt erst, ein Thema wissenschaftlich und arbeitstechnisch in den Griff zu bekommen. Entscheidender inhaltlicher Aspekt des Eingrenzens ist die Festlegung der Fragestellung, unter der das Thema bearbeitet werden soll. Es gilt, die Fragestellung so festzulegen, dass das Thema im Rahmen der gewählten Arbeit und der zur Verfügung stehenden Zeit zu bewältigen ist: Es ist ein Unterschied, ob man eine Proseminararbeit oder eine Dissertation zu einem Thema schreibt. Eine Rolle spielt auch das zu untersuchende Material. Es sollte so ausgewählt werden, dass es das betreffende Thema einigermaßen abdeckt und aussagekräftig ist, aber gleichzeitig mit vernünftigem Aufwand bearbeitet werden kann.

Die Festlegung und Eingrenzung des Themas kann nicht aus dem Stand heraus vorgenommen werden. Sie ergibt sich aus einem prinzipiellen Interesse für einen Themenbereich während der Phase des Einlesens. Wissenschaftlich arbeiten heißt ja, sich mit der Literatur und dem Untersuchungsmaterial im Hinblick auf eine bestimmte Fragestellung auseinander zu setzen. Die Fragestellung wird meist erst während des Sichtens des Materials, der ersten Auseinandersetzung mit der einschlägigen Literatur präziser fassbar. Eine Schwierigkeit bei der genauen Festlegung des Themas stellt auch der Umstand dar, dass eigentlich alles mit allem zusammenhängt und dass bei der Entscheidung für ein Thema dieses aus seinen Bezügen herausgelöst werden muss. Genauso gilt es, sich der Tatsache bewusst zu bleiben, dass sich im Rahmen einer einzelnen Arbeit, selbst wenn es sich um eine dickleibige Dissertation handelt, ein Thema nicht bis in die letzten Verästelungen hinein erschöpfend behandeln lässt. Beim Schreiben einer wissenschaftlichen Arbeit kommt es also darauf an, sich auf einen bestimmten Aspekt eines Themas zu konzentrieren.

3.2 Formen wissenschaftlicher Literatur

Literatur is, wat so inne Bücher steht, wo zum Herzeigen da sind. Jürgen von Manger

Um die für eine Arbeit relevante Literatur möglichst gezielt suchen und breit aufspüren zu können, ist es nicht zuletzt wichtig zu wissen, in welcher Form wissenschaftliche Publikationen überhaupt vorliegen können. In den Bibliotheken präsentiert sich uns wissenschaftliches Schrifttum in der Regel als gedrucktes Papier zwischen zwei Buchdeckeln. Wissenschaftliche Literatur wird jedoch in einer ganzen Reihe von Formen publiziert und nur ein Teil davon liegt als selbstständig erschienene Buchpublikation vor. Die wesentliche Forschungsliteratur bilden unselbstständig erschienene Publikationen, nämlich Artikel in wissenschaftlichen Zeitschriften und in den Geistes- und Sozialwissenschaften zudem Beiträge in Sammelbänden.

Wissenschaftliche Zeitschriften erscheinen in mehreren Heften pro Jahr und werden in Bibliotheken zu Jahresbänden gebunden. Sie enthalten meist Jahresinhaltsverzeichnisse, die nach Autoren, bei einigen Zeitschriften auch noch nach Themen geordnet sind.

Sammelbände sind hauptsächlich um ein Thema zentriert. Sie versuchen, durch das Spektrum ihrer Beiträge einen mehr oder weniger relevanten Querschnitt der fachlichen Auseinandersetzung mit einem Thema darzustellen, gegenwärtige Entwicklungen der Forschung zu einem bestimmten Thema wiederzugeben. Einen Spezialfall stellen Sammelbände dar, in denen wichtige Arbeiten zu einem Thema zusammengestellt sind, in denen wesentliche Stationen der Forschung leicht zugänglich dokumentiert werden. Daneben gibt es veranstaltungsbezogene Sammelbände, die Referate einer Tagung dokumentieren, oder personenbezogene Bände, wie Festschriften.

Eine wesentliche Rolle gerade auch zur Informationsbeschaffung spielen Formen wissenschaftlicher Literatur, die in erster Linie forschungserschließend angelegt sind, wie Lehrbücher, Fachwörterbücher, Handbücher und Bibliographien. Fachwörterbücher beziehen sich oft auf ein gesamtes Fach, während **Handbücher** vor allem zu wesentlichen Teilbereichen oder Themen eines Faches vorliegen. Es gibt weniger Handbücher zur Geschichtswissenschaft oder zur Sprachwissenschaft im Allgemeinen als etwa ein Handbuch der deutschen Geschichte oder ein Handbuch der Fachsprachenforschung. Handbücher können auch disziplinübergreifend um ein Thema herum angelegt sein, wie ein Handbuch der Kognitionsforschung. Handbuchbeiträge bieten in der Regel einen Überblick über den Stand der Forschung, über mögliche Forschungsrichtungen, methodische Zugänge, behandelte Themenfelder und über die einschlägige Literatur.

Wenn es darum geht, möglichst umfassend Literatur zu einem Thema ausfindig machen und zusammenstellen zu können, stellen **Bibliographien** das wichtigste Hilfsmittel dar. Bibliographien sind nach thematischen und weiteren Kriterien zusammengestellte Verzeichnisse von Publikationen aus einem Fachgebiet. Große Fachbibliographien werden durch detaillierte Stichwortverzeichnisse gut erschlossen. Eine Erschließung braucht Zeit, sodass sich eine bibliographische Lücke von etwa zwei Jahren zwischen dem aktuellen Publikationsstand und den detailliert bibliographisch erfassten Publikationen ergibt.

In einigen wissenschaftlichen Feldern spielt auch so genannte graue Literatur eine Rolle.

Graue Literatur ist ein Sammelbegriff für Veröffentlichungen, die außerhalb des Verlagswesens und Buchhandels erscheinen: Veröffentlichungen von Instituten oder Forschungsgruppen, unpublizierte, aber in interessierten Kreisen zirkulierende Manuskripte. Vielfach handelt es sich um erste Fassungen, „Arbeitspapiere", die später überarbeitet und anderweitig publiziert werden. Graue Literatur lässt sich schlecht aufspüren.

Schwer zu finden sind auch universitäre Abschlussarbeiten und Seminararbeiten, da sie in der Regel nicht publiziert und kaum zitiert werden. Entsprechend sind sie kaum in einem Verzeichnis vorzufinden und sie tauchen praktisch nie in Fachbibliographien auf. Diese Arbeiten stellen aber durchaus einen nicht zu unterschätzenden Fundus an Material und an Diskussion neuester Zugänge und Literatur dar. Die Rede ist hier selbstverständlich von einer legalen Nutzung dieser Arbeiten als wissenschaftliche Quellen. Mittlerweile ist es wohl allgemein bekannt, dass es eine Reihe von Internetadressen gibt, unter denen Hausarbeiten heruntergeladen werden können. Eine nicht selber geschriebene Arbeit unter seinem Namen einzureichen ist schlicht und einfach Betrug. Übrigens ist dies schwieriger, als man denkt. Dass ein Thema sich passgenau deckt, ist selten. Dies nicht zuletzt, weil nicht allein das Thema eine Rolle spielt, sondern gerade auch die Fragestellung, unter der dieses Thema angegangen wird. Schaut man sich einschlägige Internetadressen (z. B. **http://www.schularbeiten.de**) an, zeigt sich auch schnell, dass doch nur recht wenig fachspezifische Arbeiten zu finden sind und schon gar nicht anspruchsvollere Arbeiten. Meistens handelt es sich um Hausarbeiten für die gymnasiale Oberstufe.

3.3 Auf der Suche nach wissenschaftlicher Literatur

> *Gespräche unter vier Augen, wie das, zu dem sich Hortense und der junge Mann aus dem Autobus T anschickten, fanden in der Kneipe „Die falsche Signatur" statt, die auf der anderen Seite des Gartens mit dem geographischen Brunnen lag und für die Bibliotheksbenutzer in dieser angenehmen Jahreszeit so anziehend war. Man traf sich hier auch aus Arbeitsgründen, tauschte Bibliographien aus oder geheime Tips zur Lokalisierung und Erlangung der Bücher.*
>
> *Jacques Roubaud: Die schöne Hortense*

Die Tatsache, dass der größere Teil der wissenschaftlichen Literatur unselbstständige Publikationen sind, hat Auswirkungen auf die Literatursuche. Selbstständige Buchpublikationen lassen sich leicht über Bibliothekskataloge ausfindig machen, sofern die Bücher noch lieferbar sind, sogar über Buchhandelsverzeichnisse. Anders sieht es mit den vielen unselbstständigen Publikationen aus, den innerhalb eines Buches oder einer Zeitschrift erschienenen Artikeln und Beiträgen. Selbst wenn wir in Katalogen großer Universitätsbibliotheken eine Suche nach Schlagworten vornehmen, erhalten wir keine Angaben zu einzelnen Artikeln und Beiträgen, sondern allenfalls Hinweise auf Bücher und Sammelbände, die Beiträge zum Thema enthalten könnten.

Wo lässt sich nun für die Auseinandersetzung mit einem Thema und die Suche nach Literatur zu einem Thema überall ansetzen? Wo finden sich weiterführende Literaturhinweise?

☞ **Ersten Überblick verschaffen** Zu Beginn einer näheren Beschäftigung mit einem Thema ist es empfehlenswert, sich nicht gleich in Detailauseinandersetzungen und in groß angelegte Literaturrecherchen zu stürzen, sondern sich zunächst einen Überblick über das Thema oder, besser gesagt, über das entsprechende wissenschaftliche Teilgebiet, das sich mit diesem Thema befasst, zu verschaffen. Dazu eignen sich entsprechende Kapitel aus Einführungen in ein Fach oder in ein Teilgebiet eines Faches; knappe, punktuelle

Informationen enthalten die Artikel der Fachwörterbücher, vertieftere Informationen die Handbuchartikel. Bei Studienfächern, die auch Schulfächer sind, lohnt sich übrigens oft auch ein Blick in die einschlägigen didaktischen Zeitschriften. Diese sind vielfach einem Thema gewidmet und bieten zum jeweiligen Heftthema nicht nur didaktische und unterrichtsbezogene Artikel, sondern auch informierende Artikel, die Lehrkräfte über neue Entwicklungen der Forschung zu einem Thema ins Bild setzen wollen. Anschließend an einen ersten Überblick geht es darum, sich genauer in ein Thema einzulesen, sich mit der Fachliteratur auseinander zu setzen. Auch dabei empfiehlt es sich, von Standard- oder Überblickswerken zu spezialisierteren Werken zu gehen.

☞ **Ansatzpunkte zur Literatursuche** Es gibt nicht den einen Startpunkt, von dem aus jede Literatursuche in Gang zu setzen ist. Vielmehr stehen verschiedene Einstiegspunkte in die Recherche von Literatur zur Verfügung. Gerade die im vorhergehenden Absatz erwähnten Möglichkeiten zum Verschaffen eines ersten Überblicks – Artikel in Fachwörterbüchern und in Handbüchern, Kapitel in Einführungen sowie eventuell didaktische Zeitschriften – bieten Hinweise auf einschlägige Literatur. Artikel von Fachwörterbüchern verweisen auf wichtige Arbeiten zu einem Thema, auf „klassische" Arbeiten. Handbuchartikel bieten darüber hinaus den Vorteil, dass sie oft gleich eine Bewertung und Einordnung der Literatur ermöglichen, weil sie diese auch im Fachzusammenhang verorten und kurz charakterisieren. Einstiegsmöglichkeiten zur Literatursuche finden sich meist auch im Zusammenhang von Lehrveranstaltungen: Kommentierte Vorlesungsverzeichnisse enthalten Literaturhinweise, zu einzelnen Veranstaltungen liegen Bibliographien vor und zudem ist oft eine Auswahl zu einem Thema gehörender Literatur in so genannten Handapparaten (Semesterapparaten, Seminarapparaten) gut zugänglich aufgestellt. Weitere Ansatzpunkte bilden Hinweise fachlich beschlagener Personen (Lehrende, Mitstudierende), die Auswertung der Standardbibliographien und die Durchsicht des laufenden und des vorhergehenden Jahrgangs führender Zeitschriften eines Faches. Die Durchsicht der Fachzeitschriften hilft die bibliographische Lücke (vgl. 3.2) etwas zu schließen, denn viele Zeitschriften drucken Listen von Neuerscheinungen ab, und einige weisen auf Artikel in anderen Zeitschriften des gleichen Faches hin.

☞ **Literatursuche durchführen** Jede wissenschaftliche Publikation enthält normalerweise Hinweise auf Literatur zum Thema. Sobald man die erste einschlägige Arbeit gefunden hat, stößt man in ihr gleich auf weitere Literatur zum Thema, verfügt also über einen neuen Ansatzpunkt, dem man nachgehen kann: der so genannte Schneeballeffekt der Literatursuche kommt zum Tragen (von einer Stelle aus, z. B. vom Artikel eines Fachwörterbuches aus, wird auf Literatur verwiesen, in der wiederum auf neue Literatur verwiesen wird, in der man wieder auf neue Literaturangaben stößt). Wer von verschiedenen Ansatzpunkten ausgehend Literaturangaben zusammenträgt, wird schnell einmal Standardliteratur oder wichtige Texte zu einem Thema ausmachen können: Das sind die Titel, die immer zitiert werden, auf die von überall her verwiesen wird.

Nicht für jede Hausarbeit ist eine groß angelegte, systematische Literaturrecherche durchzuführen. Aber es ist eine empfehlenswerte Gewohnheit, sich immer etwas umzusehen und sich nicht mit dem erstbesten Aufsatz zum Thema zufrieden zu geben. Der wichtigste Grundsatz bei der Literatursuche und Recherche heißt: Augen offen halten. So kann auch der erwähnte Schneeballeffekt zum Tragen kommen. Wie knapp oder umfangreich und groß angelegt Sie auch immer recherchieren: Verlassen Sie sich nie darauf, an einem Ort – in einem Aufsatz, in einem Buch, in einem Bibliothekskatalog, in einer Bibliothek – alles Benötigte zu finden.

3.4 Zur Literatur- und Informationssuche im und mit dem Internet

3.4.1 Informationen im Internet

Die Entwicklung des Internets mit seinen verschiedenen Diensten (z. B. E-Mail, Mailinglisten, Usenet, Telnet oder dem wohl bekanntesten Dienst, dem World Wide Web/WWW) hat die Informationsbeschaffung im Laufe der letzten Jahre stark verändert: Neue Suchmöglichkeiten und vor allem eine Vielzahl leicht zugänglicher Informationsquellen stehen nun auf jedem PC mit Internetzugang zur Verfügung. Diese Informationsvielfalt hat aber auch neue Irrwege und Fallstricke mit sich gebracht. Wer im Internet sucht, ist vielfach konfrontiert mit einer Fülle belangloser, ungeordneter und nicht aufgearbeiteter Informationen, aus denen die relevanten mühsam herausgesucht werden müssen. Gerade weil das Internet ein neues Medium ist, haben sich hier noch kaum Mechanismen der bewertenden Einordnung von Informationsquellen, der Verifizierung ihrer Zuverlässigkeit, Genauigkeit und Reichweite herausbilden können, über die wir bei gedruckten Quellen verfügen. Im Zusammenhang mit der Anfertigung wissenschaftlicher Arbeiten sind zwei Aspekte des Internets erwähnenswert: zum einen das Internet als Zugangsplattform zu Bibliothekskatalogen und zum andern das direkte Suchen von Informationen im WWW.

3.4.2 Bibliotheken im Internet

Durch das Internet hat sich die Zugänglichkeit von Bibliothekskatalogen völlig verändert. Es gab zwar früher schon lokale Zentralkataloge etwa aller Institutsbibliotheken einer Fakultät, aber im Prinzip musste man zu jeder Bibliothek, in deren Katalog man nachschlagen wollte, hinfahren und dort im Katalogsaal recherchieren. Heute lassen sich selbst vom heimischen PC aus sehr viele Bibliothekskataloge übers Internet abfragen, die meisten auch über das WWW. Eine elektronische Katalogabfrage ermöglicht zudem ganz andere Suchgeschwindigkeiten und bietet erweiterte Suchmöglichkeiten.
Einige Hinweise auf Bibliotheken im Netz:
Auf einer Webseite des Hochschulbibliothekszentrums des Landes Nordrhein-Westfalen findet sich ein Verzeichnis von Bibliotheken weltweit, die über das WWW zugänglich sind:
http://www.hbz-nrw.de/hbz/toolbox/
Ein weiteres Verzeichnis von Bibliotheken weltweit:
http://sunsite.Berkeley.EDU/Libweb/ (Mirror in Europa: http://www.konbib.nl/libweb/)
Zu deutschen und weiteren Bibliotheksverbunden gelangt man über folgende Webseiten:
http://z3950gw.dbf.ddb.de/ und http://www.ubka.uni-karlsruhe.de/hylib/virtueller_katalog.html
Online-Kataloge des Österreichischen Bibliotheksverbundes:
http://www.bibvb.ac.at/verbund-opac.htm
Ein Verzeichnis schweizerischer Bibliotheken im WWW:
http://biblio.unibe.ch/clearing/ger/biblio.htm
Viele Bibliotheken pflegen bestimmte Fachgebiete, zu denen sie besonders intensiv Literatur sammeln und bereitstellen. Die überregionalen bibliothekarischen Sammelschwerpunkte in Deutschland sind ersichtlich über:
http://webis.sub.uni-hamburg.de/
Auskunft darüber, ob ein Buch noch lieferbar ist, liefern Buchhandelsverzeichnisse (vor allem deren so genannte Profisuche), z. B.
http://www.buchhandel.de/ oder http://www.buchkatalog.de/
Beim Umgang mit computerisierten Bibliothekskatalogen, sei es über Internet oder in einer lokalen Datenbank, ist ein Punkt besonders zu beachten, nämlich die Frage, welcher

Teil des Bestands der betreffenden Bibliothek überhaupt in ihrem elektronischen Katalog erfasst wird. Bibliotheken haben frühestens vor gut zwanzig Jahren mit elektronischer Katalogisierung begonnen; viele sind aber auch erst in den letzten Jahren dazu übergegangen. Bestehende Zettel- oder Mikrofichekataloge lassen sich aufarbeiten und in computerisierte Daten überführen. Allerdings verfügen längst nicht alle Bibliotheken über genügend Mittel zur Durchführung einer vollständigen Rekatalogisierung. Um auch etwas ältere Literatur ausfindig machen zu können, ist es deshalb in etlichen Bibliotheken notwendig, in zwei Katalogen nachzuschlagen, im elektronischen wie im alten Zettel- oder Mikrofichekatalog. Gerade bei der Universitätsbibliothek vor Ort und den Institutsbibliotheken, die Sie regelmäßig benutzen, sollten Sie sich über die Reichweite des elektronischen Katalogs genau ins Bild setzen.

3.4.3 Informationssuche und Recherchieren im Internet

Das Internet bietet aber nicht nur Zugang zu Bibliothekskatalogen, sondern zu Millionen von Webseiten, von denen etliche auch als Informationsquellen genutzt werden können. Erschlossen wird diese Datenflut unter anderem mit Suchmaschinen, die es erlauben, mithilfe unterschiedlicher Suchoptionen Volltextrecherchen im Internet durchzuführen. Viele dieser Suchmaschinen sind längst allgemein bekannt wie **Yahoo, Lycos, Excite** (http:// www.yahoo.com/ oder http://de.yahoo.com/, http://www-english.lycos.com/ oder http://www.lycos.de/ oder http://www.lycos.ch/, http://www.excite.com/ oder http://www.excite.de/; eine schnelle und recht gute Suchmaschine ist auch http://www.google.com). Allerdings decken selbst die großen, allgemeinen Suchmaschinen längst nicht das ganze World Wide Web ab; eine große Suchmaschine erfasst höchstens dreißig Prozent der bestehenden Webseiten. Für eine gründliche Recherche empfiehlt es sich deshalb, bei mehreren Suchmaschinen nachzufragen. Dazu kann man sich mittlerweile auch der Hilfe von Meta-Suchmaschinen bedienen, die eine gleichzeitige Suche über verschiedene Suchmaschinen ermöglichen (eine auf deutsche Seiten ausgerichtete Meta-Suchmaschine findet sich unter http://meta. rrzn.uni-hannover.de/).

Das Hauptproblem der Informationssuche im Internet besteht weniger darin, überhaupt Hinweise auf Informationen zu finden, als vielmehr bei einer Anfrage viel zu viele irrelevante Treffer zu erzielen, aus denen dann die brauchbaren Informationen aufwendig herausgeklaubt werden müssen. Das Ziel, möglichst viele wesentliche Informationen zu finden und gleichzeitig möglichst alle unnützen Informationen zu vermeiden, lässt sich einerseits erreichen durch gezielte Suchstrategien und andererseits durch die Benutzung fachspezifischer Kataloge und Informationsdienste.

Einfach mal ein Stichwort in eine Suchmaschine einzugeben ist keine kluge Suchstrategie. Vor einer Recherche im Internet empfiehlt es sich, wichtige Suchstichworte zum gefragten Thema zu notieren, sich verwandte Begriffe dazu zu überlegen und die notierten Begriffe miteinander in Verbindung zu setzen, das heißt, nach über-, gleich- und untergeordneten Begriffen zu gruppieren. Bei der Benutzung der Suchmaschinen gilt es, von den Suchoptionen Gebrauch zu machen, die es erlauben, Stichworte auf bestimmte Art und Weise miteinander zu verknüpfen, zum Beispiel mit den booleschen Operatoren. Mithilfe dieser Suchoptionen, die oft als „erweiterte Suche", „Detailsuche" oder „Profisuche" bezeichnet werden und die bei jeder Suchmaschine etwas anders ausgestaltet sind, ist ein präziseres Suchen möglich. Übrigens ermöglichen Meta-Suchmaschinen in der Regel weniger Suchoptionen als einzelne Suchmaschinen, weil sie gleichzeitig auf unterschiedliche Suchmaschinen zugreifen.

Für fachliche und wissenschaftliche Themen ist es meistens ohnehin nicht die beste Strategie, eine Volltextrecherche mittels Suchmaschinen im Internet durchzuführen. Viel schneller und effizienter kommt man ans Ziel durch die Benutzung spezialisierter Suchmaschinen und vor allem von aufgearbeiteten und strukturierten Linksammlungen, redigierten Katalogen mit Hinweisen auf fachlich einschlägige Webseiten. Wer sich etwa für politische Sprache und Sprache in der Politik interessiert und in einer Suchmaschinenanfrage die beiden Stichworte ‚Politik' und ‚Sprache' verknüpft, erhält Tausende von Treffern. Da ist es viel sinnvoller, eine politologische oder eine linguistische Linksammlung nach Hinweisen auf Webseiten zur Sprache in der Politik durchzusehen. Viele Universitätsinstitute und vor allem die einzelnen wissenschaftlichen Fachgesellschaften bieten aufgearbeitete, strukturierte und teilweise sogar kommentierte Listen fachlich einschlägiger Links. Diese Listen, die oft auch als „virtuelle Bibliothek" bezeichnet werden, eignen sich als Startpunkte für eine fachspezifische Internetrecherche. Es lohnt also, sich auch einmal auf den Webseiten von Instituten anderer Universitäten umzusehen, um besonders ergiebige Linklisten ausfindig machen zu können. Einen Fundus an Links zu den verschiedensten Fachgebieten bietet die **virtuelle Bibliothek** der Universitätsbibliothek Düsseldorf (**http://www.uni-duesseldorf.de/WWW/ulb/virtbibl.html**). Die bei den Bibliotheken schon erwähnte Seite des Hochschulbibliothekszentrum des Landes Nordrhein-Westfalen enthält auch Hinweise über Datenbanken, Internet-Suchdienste und Suchmaschinen sowie im Internet greifbare Bibliographien (**http://www.hbznrw.de/hbz/toolbox/**).

Wenn von Informationsquellen im Netz die Rede ist, darf die **Encyclopedia britannica** nicht vergessen werden. Seit November 1999 steht die vollständige neueste Ausgabe dieses legendären Nachschlagewerkes im Netz kostenlos zur Verfügung (**http://www.britannica.com**). Diese Webseite bietet auch eine Reihe redigierter Linklisten zu verschiedensten Themen sowie die Möglichkeit, in einem englischen Wörterbuch nachschlagen zu können.

Ab Frühjahr 2000 wird man im Netz auch auf die Brockhaus-Enzyklopädie, die traditionsreichste und umfangreichste deutschsprachige Enzyklopädie, zugreifen können. Unter **http://www.xipolis.net** ist dies kostenpflichtig möglich.

Im Netz stehen auch Texte zur Verfügung, aus urheberrechtlichen Gründen vor allem Klassiker. So ist es das Ziel des Gutenberg-Projekts (**http://www.gutenberg.net/**), möglichst viele klassische Texte der Weltliteratur zugänglich zu machen. Eine Vielzahl von klassischen Texten der französischen Literatur ist abrufbar auf einer Webseite der französischen Nationalbibliothek (**http://gallica.bnf.fr/**).

4 Material sammeln, ordnen und auswerten

Ich habe den Nachweis dieser Stellen verlegt und konnte mich nicht dazu bringen, die 1500 Seiten nochmals durchzustöbern.

Erwin Chargaff

Bei der Vorbereitung und beim Anfertigen einer Arbeit fällt schnell einmal eine große Menge an Material an. Damit dieses sich nicht einfach nur anhäuft, sondern auch innerhalb angemessener Zeit zur Verfügung steht, gilt es, dieses Material in geeigneter Weise zu sammeln und bereitzuhalten. Ein überlegter, geordneter Umgang mit Material ist erst recht vonnöten bei all den Unterlagen und Dokumenten, die sich im Laufe einer Ausbildung ansammeln. Wie man seine Notizen und Kopien am besten aufarbeitet und bereithält, hängt auch von der persönlichen Arbeitsweise ab. Wer einigermaßen systematisch

Literatur exzerpiert, kann immer noch mit Gewinn Karteikarten und Karteikästen benutzen. Zur Materialablage eignen sich neben Karteikästen Archivboxen, Aktenordner oder Hängeregistraturen – Hängeregistraturschränke sind allerdings sehr teuer, aber es lassen sich gelegentlich welche aus zweiter Hand finden.

Selbstverständlich lassen sich heute Daten und Informationen auch elektronisch sammeln und archivieren. Mittlerweile stehen Datenbanken zur Verfügung, welche auch teilweise unstrukturierte Daten verwalten können. Aber für elektronische Datensammlungen müssen die zu sammelnden Informationen viel stärker und vor allem viel stärker in Details hinein strukturiert werden. Wenn die Struktur einer Datenbank einmal festgelegt ist, sind Ergänzungen und Änderungen mit großem Aufwand verbunden. Besonders geeignet für eine elektronische Archivierung sind deshalb Informationen, die sich in klar strukturierter Form erfassen lassen. Das ist der Fall bei Literaturangaben oder wenn Quellen systematisch nach einem vorgegebenen Raster ausgewertet werden.

Ein Teil des Materials, das im Hinblick auf eine Arbeit zusammengetragen wird, lässt sich nach einer festen Ordnung ablegen: Artikel und Beiträge zu einem Thema können nach Autorennamen geordnet, Quellen nach Quellenart und Chronologie gegliedert abgelegt werden. Dafür eignen sich Aktenordner gut. Für das übrige Material empfiehlt sich eine dynamische Ablage, z. B. eine Hängeregistraturbox, ein Pultordner oder Karteikasten. Eine dynamische Ablage ermöglicht jederzeit eine Umordnung des Materials, wenn sich im Verlauf des Verfassens der Arbeit etwa eine Differenzierung nach Themen oder Kapiteln, eine neue Gliederung, eine feinere Unterteilung oder eine thematische Umakzentuierung als sinnvoll erweist.

Mit der Materialsammlung für eine Arbeit kann eigentlich nicht früh genug begonnen werden. Am besten legt man sich schon ein Mäppchen oder eine Hängeregistraturmappe an, sobald das mögliche Thema oder auch nur der Themenbereich einer Arbeit feststeht. So können Ideen oder zufällige Funde laufend festgehalten werden, auch wenn man noch gar nicht richtig Zeit hat, sich mit der Arbeit zu befassen.

Bei der Auswertung der Literatur ist darauf zu achten, bei allen Notizen, Exzerpten oder Kopien sicherzustellen, dass jeder Abschnitt eines Exzerpts oder einer Notiz mit einem klaren, nachvollziehbaren Hinweis auf die Quelle und die genaue Stelle versehen ist. Das klingt selbstverständlich, aber wie schnell lässt man sich dazu verleiten, nur an der ersten Stelle der Notizen einen eindeutigen Nachweis anzubringen, ohne daran zu denken, dass Notizen unter Umständen aus thematischen Gründen getrennt abgelegt werden. Oder man vergisst in der Eile, beim Kopieren zu kontrollieren, ob man auch die Quellenangabe kopiert oder notiert hat oder ob etwa die Seitenzahlen auf der Kopie zu lesen sind. Das kann dann schon zur Folge haben, dass man sich gezwungen sieht, noch einmal 1500 Seiten durchzugehen. Wer mit dem Autor-Jahr-System (vgl. Abschnitt 6.2) arbeitet, kann diese Kurzform des Belegs auch nutzen, um in seinen Notizen ohne großen Schreibaufwand an allen Stellen klare Verweise anzubringen.

Fotokopieren ist eine wunderbare Erfindung: Langwieriges Abschreiben wichtiger Textstellen wird durch einen schnellen Knopfdruck ersetzt, fotokopierte Texte können nach Belieben mit Bleistift und Leuchtstift bearbeitet, mit Notizen und Unterstreichungen versehen werden. Wer einen Artikel aus einer Zeitschrift oder einen Beitrag aus einem Sammelband benötigt, kopiert ihn schnell, und schon steht die Zeitschrift oder der Sammelband wieder anderen Leserinnen und Lesern zur Verfügung. Die Leichtigkeit des Fotokopierens hat aber auch ihre verführerische Seite. Wer eine Reihe von Artikeln und Beiträgen kopiert hat, kann durch den Stoß fotokopierter Artikel durchaus dem täuschenden

Effekt erliegen, er hätte diese nun schon mal bearbeitet. Einen kopierten Artikel schnell zu überfliegen, heißt noch nicht, ihn gründlich gelesen und ausgewertet zu haben. Dann muss man sich auch daran halten, Fotokopien geordnet abzulegen, damit diese nicht in Stapeln kopierter Blätter versinken. Wie im vorherigen Abschnitt erwähnt, gilt es auch, immer darauf zu achten, die vollständigen Quellenangaben mitzukopieren oder zu notieren und auch sicherzustellen, dass auf den Kopien die jeweiligen Seitenzahlen ersichtlich sind.

5 Schreiben und Gestalten

Schreiben ist die Hölle, aber geschrieben haben ist der Himmel. *Sibylle Krause-Burger*

5.1 Zum Schreiben von Arbeiten, Schreibprobleme

Schreiben können wir alle, seitdem sich die krakeligen Buchstaben unserer ersten Schultage zu einer einigermaßen schwungvollen Schrift entwickelt haben. Dass wir die elementare Kulturtechnik des Schreibens problemlos beherrschen, heißt aber noch lange nicht, dass uns das Schreiben von Texten leicht von der Hand geht. Im Gegenteil, wir sind beim Verfassen von Texten immer wieder mit Schreibschwierigkeiten und Schreibproblemen konfrontiert, ganz besonders auch beim Verfassen wissenschaftlicher Arbeiten. Das hat damit zu tun, dass das Schreiben einer wissenschaftlichen Arbeit eine handwerkliche Seite hat und nicht zuletzt eine Sache der Erfahrung ist. Erschwerend kommt hinzu, dass wissenschaftliche Arbeiten einerseits strikt normierte Textsorten sind, aber andererseits dann doch erhebliche Variationen vor allem in Details der Gestaltung aufweisen. Wie in Abschnitt 1 dargelegt, zeigen sich in Publikationen einer Disziplin eine Reihe unterschiedlicher Darstellungsmuster, was Einzelheiten der Gestaltung, etwa der Literaturverweise, betrifft. Das Schreiben einer Seminararbeit ist keine Fähigkeit, über die alle kraft ihrer Intuition oder eines Musenkusses von selbst verfügen, auch wenn es immer noch Dozentinnen und Dozenten gibt, die ihren Studierenden entsprechende Vorstellungen suggerieren. Davon lasse man sich nicht beeindrucken. Leute, die professionell und gut schreiben, wissen, wie anstrengend Schreiben ist. Das belegen Äußerungen von journalistischer Seite (vgl. die Aussage, die diesem Abschnitt als Motto vorangestellt ist) wie auch Äußerungen von Wissenschaftlerinnen und Wissenschaftlern, die ja ständig wissenschaftliche Arbeiten verfassen, über Lust und Last wissenschaftlichen Schreibens (vgl. die Beiträge in Narr/Stary 1999).

Der Umstand, dass das Verfassen wissenschaftlicher Arbeiten eine Sache des Handwerks und der Erfahrung ist, bedeutet auch, dass das Schreiben solcher Arbeiten geübt und gelernt werden kann. Schreiben lernt man durch Schreiben. Gelegenheiten zum Üben wissenschaftlichen Schreibens kann man sich auch selbst verschaffen, etwa indem man sich von Zeit zu Zeit schriftlich Rechenschaft über Literatur, mit der man sich befasst hat, gibt oder Themen, die innerhalb einer Lehrveranstaltung behandelt worden sind und die man für sich aufgearbeitet hat, kurz darstellt.

Das Schreiben einer wissenschaftlichen Arbeit zerfällt, wie in Abschnitt 2 dargelegt, in verschiedene Phasen: Konzipieren, Formulieren, Überarbeiten, Redigieren. Jeder dieser Phasen sollte Rechnung getragen, bei der Planung Zeit eingeräumt werden. Diese Phasen sind nicht strikt voneinander getrennt. Vor allem ist das Formulieren nicht einfach ein bloßes Auffüllen einer Konzeption mit Sätzen. Die genaue Form einer Beschreibung oder eines Argumentationsgangs ergibt sich erst durch die „allmähliche Verfertigung der Gedanken" beim Schreiben, um mit Kleist zu sprechen. Das ist kein Plädoyer für ein planloses Drauf-losschreiben, aber ein Hinweis darauf, dass Gedankengänge erst dadurch, dass wir sie schriftlich festzuhalten und nachvollziehbar darzulegen versuchen, genau festgemacht werden können und klarer fassbar werden. Deswegen ist es auch wichtig, den Beginn des eigentlichen Schreibens nicht dauernd hinauszuschieben. Selbstverständlich muss man sich vor dem Schreiben erst gründlich einlesen, mit einem Thema vertraut machen, die Materialien auswerten und die zur Fragestellung gehörenden Untersuchungen vornehmen. Schreiben und Redigieren stellen ja die fünfte Phase des Anfertigens einer wissenschaft-lichen Arbeit dar. Aber man sollte sich nicht ständig vom Schreiben abhalten lassen durch die Vorstellung, man könne erst mit Schreiben beginnen, wenn man diesen oder jenen As-pekt noch gründlicher abgeklärt und noch genauer durchdacht habe. Schließlich können durchaus auch während des Schreibens noch gewisse Abklärungen vorgenommen werden. Die eigentlichen Schreibschwierigkeiten treten in der Phase des Formulierens auf, wenn man vor dem berühmten leeren Blatt Papier respektive der leeren Seite der Textverarbei-tung mit dem auffordernd blinkenden Cursor sitzt und einem beim besten Willen kein Satz gelingen, ja nicht einmal ein Satzanfang in den Sinn kommen will. Im Rahmen dieser kleinen Anleitung kann nicht ausführlich auf den Umgang mit Schreibproblemen und Schreibschwierigkeiten eingegangen werden. Es gibt eine Fülle von Ratgeberliteratur zu diesem Thema, die von unterschiedlicher Qualität ist; neben Büchern, die großmäulig versprechen, mit kreativem Schreiben jedes Schreibproblem lösen zu können, finden sich auch brauchbare Ratgeber, die nützliche Hinweise enthalten (z.B. Kruse 1997). Wichtig ist, Schreibschwierigkeiten nicht einfach auf individuelles Unvermögen zurückzuführen, sondern sich bewusst zu sein, dass beim Schreiben Schwierigkeiten auftreten können. Man lasse sich auch nicht von der sprachlichen und formalen Gestaltung der Literatur, mit der man sich auseinander setzt, blenden. Bei den Texten der wissenschaftlichen Lite-ratur handelt es sich um fertige Produkte, denen in der Regel die Mühen und Schwierig-keiten der Entstehung nicht mehr anzusehen sind. Wie man am besten auf Schreib-probleme und Schreibblockaden reagiert, lässt sich nicht allgemein gültig beantworten, sondern hängt von individuellen Vorlieben und Gewohnheiten ab. Während Einzelne nicht weiterschreiben können, bis der Satz, an dem sie gerade formulieren, hundert-prozentig stimmig ist, können andere durchaus mal über eine noch nicht überzeugende Stelle hinweg weiterschreiben und später auf diese Stelle zurückkommen. Weiterschrei-ben an einer anderen Stelle ist durchaus eine Möglichkeit, momentane Schreibblockaden zu überwinden. Gerade die Textverarbeitungsprogramme ermöglichen ein problemloses Wechseln zwischen verschiedenen Textstellen. Dabei empfiehlt es sich, unfertige Stellen deutlich zu markieren, beispielsweise mit *xxx*, einer Zeichenkombination, die in keinem Wort vorkommt, sich leicht merken und dadurch leicht finden lässt. Mit dieser Zeichen-kombination lässt sich auch vor dem Abspeichern die Stelle markieren, bei der man beim Formulieren stehen geblieben ist.

Das Ausweichen auf eine andere Stelle stellt eine arbeitsnahe Form des Ablenkens dar. Ablenkungsmanöver gehören generell zu den Begleiterscheinungen des Schreibens. Nie meldet sich das Bedürfnis, Staub zu wischen oder die Badewanne zu putzen, so dringend wie dann, wenn man eigentlich an einer Arbeit weiterschreiben sollte. Auch das vorhin erwähnte ewige Recherchieren ist eine Strategie, sich vor dem Schreiben zu drücken. Es gilt also, sich zu disziplinieren und sich immer wieder an den Schreibtisch und hinter die Tastatur zu zwingen. Das lässt sich durchaus auch dadurch fördern, dass man sich be-wusst Pausen oder auch einmal eine größere Ablenkung, wie einen Kinobesuch, gönnt.

Zur Qualität eines Textes tragen das Überarbeiten und Redigieren entscheidend bei. Deshalb ist es wichtig, diese Phasen von Anfang an einzuplanen, auch wenn die Fertigstellung einer Arbeit in der Regel unter erheblichem Zeitdruck erfolgt. Das Redigieren umfasst heutzutage meist auch das Formatieren des Textes, damit der endgültige Ausdruck eine einigermaßen präsentable Form aufweist. Der Aufwand, um einen Text brauchbar zu formatieren, wird in der Regel unterschätzt. Das Formatieren ist mit viel Kleinarbeit und Kontrolliererei verbunden. Beim Überarbeiten empfiehlt es sich, den Text vor der Schlussredaktion einer anderen Person zum Lesen zu geben. Vier Augen sehen mehr als zwei, zudem hat der Autor oder die Autorin oft nicht mehr genügend Distanz zum eigenen Text, weshalb problematische Stellen nicht mehr erkannt werden. Man sollte es sich am besten zur Regel machen, keinen Text aus der Hand zu geben, ohne dass er von jemandem gegengelesen worden ist. Eine Möglichkeit, einen etwas distanzierteren Blick auf einen Text zu erhalten, besteht auch darin, diesen ein paar Tage liegen zu lassen und ihn sich erst danach erneut vorzunehmen. Durch das Gegenlesen werden nicht nur Schreibfehler oder sprachliche Unkorrektheiten erkannt, es fördert auch die Wahrnehmung von nicht so gelungenen Stellen. Textstellen, über die jemand beim Lesen stolpert oder die nicht auf Anhieb überzeugen, sollten noch einmal einer genauen Prüfung und Überarbeitung unterzogen werden. Wenn eine umfangreichere Arbeit zu korrigieren ist oder mehrere Leute beim Korrekturlesen mitarbeiten, ist es von Vorteil, sich der üblichen Korrekturvorschriften und Korrekturzeichen zu bedienen. Einige wichtige Korrekturzeichen sind im Folgenden angegeben. Eine Übersicht über die Korrekturvorschriften und die wichtigsten Korrekturzeichen findet sich in der jeweils aktuellen Auflage des Rechtschreibdudens vor dem Wörterverzeichnis.

Wichtige Korrekturzeichen nach DIN 16511

1. Alle eingetragenen Korrekturzeichen müssen eindeutig sein.

2. Jedes Korrekturzeichen muss am Rand wiederholt werden, oft mit weiteren Korrekturangaben.

3. Bei mehreren Korrekturen innerhalb einer Zeile sind verschiedene Korrekturzeichen zu verwenden.

4. Erklärende, nicht im Text wiederzugebende Vermerke werden in Doppelklammer gesetzt.

5. Die Korrekturen sollen farbig eingetragen werden.

6. Überflüssige Buchstaben, Wörter oder Satzzeichen werden durchgestrichen und am Rand mit vermerkt (= deleatur (lat.) – es werde gelöscht).

7. Fehlende Buchstaben oder Satzzeichen werden korrigiert, indem der vorausgehende durchgestrichen und Rand zusammen mit dem fehlenden wiederholt wird.

8. Vertauschte Buchstaben oder Wörter mit werden dem Umstellungszeichen versehen.

9. Eine falsche Schriftart oder einen falschen Schriftstil kennzeichnet man mit Unterstreichung und Vermerk am Rand.

10. Ein fehlender Wortzwischenraum wird durch ⌐, ein fehlender Absatz wird mit ⌐ im Text und am Rand gekennzeichnet. Zu weiten Zwischenraum bezeichnet das Zeichen ⌐.

11. Ein überflüssiger Absatz wird durch eine verbindende Schleife korrigiert.

12. Irrtümliche Korrekturen werden durch Unterpunktierung und Streichung der Anmerkung am Rand rückgängig gemacht.

16

5.2 Bestandteile einer wissenschaftlichen Arbeit, Gliederung

Eine wissenschaftliche Arbeit besteht in der Regel aus folgenden Teilen:

☞ **Titel**

☞ **Vorwort** Ein Vorwort ist nur bei umfangreicheren Arbeiten üblich; bei kleineren Arbeiten können die Elemente des Vorworts z.T. in die Einleitung integriert werden. Es enthält Angaben zur persönlichen Motivation, zu wissenschaftlichen Anregungen, zur Betreuung und eventuellen Dank an beteiligte Personen.

☞ **Inhaltsverzeichnis**

☞ **Einleitung** Einbettung der gewählten Fragestellung in ein weiteres Umfeld und in den Rahmen der jeweiligen Fachdiskussion; knappe Erläuterung der Fragestellung; Hinweise auf das untersuchte Material und die verwendeten Untersuchungsmethoden; kurze Darstellung der Abfolge und des Inhalts der einzelnen Kapitel; allenfalls darstellungstechnische Hinweise, etwa zur Transkription oder Wiedergabe von Zitaten.

☞ **Hauptteil** (Forschungsstand – Untersuchungsgegenstand – Methoden – Ergebnisse) Die einzelnen Elemente des Hauptteils können je nach Umfang und Art der Arbeit in mehrere Kapitel unterteilt werden.

→ **Forschungsstand:** knappe Übersicht über die vorliegende Forschung zum Thema; Begriffsklärungen; Einordnung und Erläuterung der behandelten Fragestellung.

→ **Untersuchungsgegenstand:** Charakterisierung des der Untersuchung zugrunde gelegten Materials (Quellen, Korpus, etc.); Begründung der getroffenen Auswahl.

→ **Methoden:** Beschreibung des methodischen Vorgehens, Begründung der Wahl der verwendeten Untersuchungsmethode(n).

→ **Ergebnisse:** Darstellung und Diskussion der Ergebnisse.

☞ **Schluss** Kurze Zusammenfassung der Ergebnisse; allenfalls Ausblick auf mögliche ergiebige Ansatzpunkte für weiterführende Untersuchungen und Überlegungen.

☞ **Bibliographie**

☞ **Anhang** Ein Anhang ist nicht bei jeder Arbeit notwendig. Er ermöglicht es, einer Arbeit Quellen, Illustrationen, bestimmte Auswertungen (Auszählungen), vollständige Auflistungen von Beispielen beizugeben. Durch die Präsentation von Materialien im Anhang kann eine bessere Nachvollziehbarkeit der in einer Arbeit dargelegten Untersuchung gewährleistet werden. Zudem lässt sich durch einen Anhang auch der Text des Hauptteils entlasten, etwa indem einzelne Ergebnisse anhand von ein, zwei typischen Beispielen dargestellt und diskutiert werden können, ohne dass jeweils der Text durch eine vollständige Liste der einschlägigen Beispiele unterbrochen werden muss. Diese Listen finden sich dann im Anhang.

5.3 Zur Gestaltung des Manuskripts

Die elektronische Textverarbeitung hat das Schreiben wissenschaftlicher Arbeiten in vielerlei Hinsicht erleichtert. Es ist kein nervenzehrendes Ereignis mehr, wenn wir uns unten an einer Seite vertippt haben. Wir brauchen auch nicht mehr mühsam vom unteren Seitenrand her abzuzählen oder zu messen, um genügend Platz für die Fußnoten auf einer Seite zur Verfügung zu haben, das erledigt die automatische Fußnotenverwaltung von selbst. Wir können bis spät in die Nacht hinein schreiben, ohne die Nachbarn mit Schreibmaschinengeklapper zu stören. Allerdings haben die Textverarbeitungsprogramme nicht nur Erleichterungen, sondern auch Mehrarbeit mit sich gebracht, werden nun doch ganz andere Anforderungen an die Gestaltung von Texten gestellt. Auch von einer Seminararbeit wird erwartet, dass sie sich wie gedruckt präsentiert. Während früher ein sauber getipptes Manuskript genügte, müssen jetzt wissenschaftliche Arbeiten regelrecht formatiert werden. Das Einrichten oder Formatieren eines Textes ist ein Arbeitsgang, der Teil der Schlussredaktion ist und dessen Zeitbedarf, wie erwähnt, vielfach unterschätzt wird. Mit Details von Formatierungen sollte man sich während des Schreibens nicht befassen. Was sich lohnt, ist von Anfang an mit Druckformatvorlagen für wesentliche Gestaltungselemente des Textes (Lauftext, Zitate, Überschriften verschiedenen Grades, Literaturangaben, Fußnoten usw.) zu arbeiten, das heißt, den jeweiligen Textelementen das entsprechende Druckformat zuzuweisen. Viele Textverarbeitungsprogramme arbeiten druckertreiberabhängig, weshalb die Formatierung des Textes erst auf dem Computer vorgenommen werden sollte, von dem aus dann auch der endgültige Ausdruck der Arbeit erstellt wird. Genauso empfiehlt es sich, während einer Arbeit nicht auf eine neue Version des Textverarbeitungsprogramms oder gar ein anderes Programm zu wechseln, weil ein solcher Wechsel aller Erfahrung nach immer wieder Überraschungen mit sich bringt.

Einen Text richtig zu formatieren setzt typographische Kenntnisse voraus, über die Nichtfachleute in der Regel nicht verfügen. Beim Arbeiten mit dem Computer bedient man sich meist keiner gewöhnlichen Schreibmaschinenschrift (Courier), sondern Proportionalschriften wie Times, Times New Roman oder Helvetica. Bei solchen typographisch anspruchsvolleren Schriften wirkt es unschön, als Anführungszeichen die einfachen Strichlein von Schreibmaschinenschriften zu gebrauchen: "xxy". Vielmehr sollte man so genannte typographische Anführungszeichen verwenden: „xxy" oder »xxy« (in der Schweiz «xxy»). Genauso sollte etwa als Strich für „gegen" oder „bis" der Gedankenstrich (Halbgeviertstrich) benutzt werden (S. 14–56) und nicht der einfache Bindestrich. Hinweise auf die übliche typographische Gestaltung enthält die jeweils aktuelle Auflage des Rechtschreibdudens in einem Kapitel „Richtlinien für den Schriftsatz", das sich vor dem Wörterverzeichnis findet. Eine knappe und brauchbare Darstellung von formalen Gesichtspunkten, die beim Layout einer Arbeit zu beachten sind, findet sich in Friedrich (1997: 48–75).

Ein Sicherheitshinweis, der eigentlich selbstverständlich ist, aber trotzdem nicht genug betont werden kann: Regelmäßiges und systematisches Sichern der bearbeiteten Dateien ist unerlässlich. Mindestens einmal pro Tag sollten die Dateien außerhalb der Festplatte des Computers auf einem externen Medium – auf einem Server, auf Disketten oder einem ZIP-Laufwerk – gesichert werden.

☞ **Ein Vorschlag für die Seitengestaltung des Manuskripts:**
Studentische Arbeiten werden einseitig gedruckt. Ihre Seiten sollten im Interesse der Lesbarkeit und wegen der Korrekturen nicht zu eng bedruckt sein.
Seitenränder: links: 3,5 cm, rechts: 1,5 cm, oben: 2,5 cm, unten: 2 cm.
Kopfzeile (wichtig für die Seitenzahl): 1,5 cm vom Blattrand.
Seitenzahl: oben rechts, bündig mit dem rechten Rand des Textes.
Die Paginierung beginnt bei Seminararbeiten nach dem Inhaltsverzeichnis, bei größeren Arbeiten nach dem Titelblatt.
Als Schriftgröße für den Fließtext empfiehlt sich 12 Pt.
Als Zeilenabstand ist das 1,3–1,5fache der Schriftgröße üblich; wenn man den Zeilenabstand genau einstellt, also 16 bis 18 Pt.

5.4 Elemente wissenschaftlicher Arbeiten

5.4.1 Inhaltsverzeichnis, Kapitelgliederung

Das Inhaltsverzeichnis soll die Arbeit erschließen, indem es ihre Gliederung ersichtlich macht. Bei einer detailliert gegliederten Arbeit ist deshalb auf eine möglichst übersichtliche Gestaltung des Inhaltsverzeichnisses zu achten, die die Hauptpunkte der Gliederung klar hervortreten lässt. Im Interesse einer guten Lesbarkeit der Arbeit sollte eine Einteilung in viele kleine Unterkapitelchen vermieden werden, eine allzu detaillierte Gliederung wirkt eher verwirrend.

Zur Kennzeichnung der verschiedenen Kapitel, Unterkapitel und Abschnitte hat sich heute eine fortlaufende, gestufte Abschnittsnummerierung mit arabischen Ziffern durchgesetzt, die oft fälschlich als Dezimalklassifikation bezeichnet wird. Die Kapitel einer Arbeit werden von 1 an fortlaufend nummeriert (Gliederung der 1. Stufe), jedes Kapitel kann wiederum in beliebig viele Unterkapitel unterteilt werden, die ebenfalls eine fortlaufende Nummerierung erhalten mit der vorangesetzten Kapitelnummer (Gliederung der 2. Stufe). Dieses Verfahren kann auf weiteren Stufen der Gliederung fortgesetzt werden.

1 / 2 / 3 usw.
    2.1 / 2.2 usw.
        2.2.1 / 2.2.2 usw.

Zwischen die Ziffern einer bestimmten Nummerierung werden Punkte gesetzt. Eine weitere Gliederungsstufe sollte übrigens nur dann angesetzt werden, wenn sich auf ihr mindestens zwei Positionen besetzen lassen. Eine Gliederung 5.4.3 – 5.4.3.1 – 5.4.4 ist in der Regel nicht sinnvoll.

5.4.2 Titelblatt

Auf dem Titelblatt einer Arbeit sollten Thema und Art der Arbeit sowie beteiligte Institutionen und Personen ersichtlich sein. An einzelnen Universitäten, Fakultäten oder Instituten ist für Examensarbeiten oder Dissertationen die genaue Gestaltung des Titelblatts, mit Ausnahme der variablen Textelemente wie Name und Thema, vorgeschrieben. Abgesehen von speziellen Vorschriften gehören folgende Elemente auf ein Titelblatt:

→ Titel der Arbeit (mit Untertitel)

→ Art der Arbeit und Fach
Proseminararbeit im Fach Mittelalterliche Geschichte, Diplomarbeit im Fach Klinische Psychologie.

→ Universität, Fachhochschule oder Schule

→ evtl. Veranstaltung, mit der die Arbeit im Zusammenhang steht

→ Name des betreuenden Dozenten, der betreuenden Dozentin (eingereicht bei ...)

→ Name des Verfassers, der Verfasserin (vorgelegt von ...)
Praktisch ist es, bei Seminar- und Hausarbeiten gleich auch Adresse, Telefon und E-Mail sowie die Matrikelnummer anzugeben.

→ Ort und Datum (Monat und Jahr)

Beispiele für Titelblätter:

Facharbeit

Die Geschichte Jugoslawiens während
der zwei Weltkriege

Facharbeit
im Leistungskurs Geschichte

Erich-Maria-Remarque-Gymnasium
Osnabrück

eingereicht bei
Frau Dr. Huber

vorgelegt von
Hannelore Ulrich und Ernst Weiß

Klasse 11 c

Osnabrück, November 1998

Seminararbeit

Religion in der Schulstube?
Zur Entwicklung eines pädagogisch umstrittenen
Schulfachs im staatlichen Schulwesen des Kantons
Zürich

Seminararbeit
im Fach Allgemeine Pädagogik
an der
Universität Bern

eingereicht bei
Prof. Dr. M. Späni

vorgelegt von
Lisa Giezendanner

Matrikelnummer 97-103-428

Musterstrasse 37
3008 Bern
(030) 3 02 25 58
lgiezendan@provider.ch

Bern, Dezember 1999

Magisterarbeit

Intentionen und Konventionen
pragmatisch gesehen.
Zur Reichweite der Theorien von Austin
und Grice

Magisterarbeit
im Fach Philosophie

an der
Universität Hamburg

eingereicht bei
Prof. Dr. D. Davidson

vorgelegt von Hans Meier

Volksdorf, Juni 1998

Doktorarbeit

Wie stark sind die starken Verben noch?
Untersuchungen zur Geschichte der
deutschen Verbmorphologie

Inauguraldissertation der Philosophisch-
Historischen Fakultät
der Universität Greifswald
zur Erlangung der Doktorwürde vorgelegt
von

Barbara Huber

eingereicht bei
Prof. Dr. I. Schröder
und
Prof. Dr. I. Warnke

Güstrow, Februar 1999

5.4.3 Abbildungen, Grafiken, Tabellen

Sämtliche Abbildungen, Grafiken und Tabellen sind zu nummerieren und mit einer Bildlegende zu versehen. So lässt sich im Text problemlos auf Abbildungen oder Tabellen verweisen und Bezug nehmen (vgl. Abb. 2; wie in Tabelle 7 ersichtlich) und dank der kurzen Erläuterung in der Legende ist auch sofort ersichtlich, was in der betreffenden Abbildung dargestellt werden soll. Zwischen der Bildlegende und dem Fließtext der Arbeit sollte ein deutlicher Abstand von mindestens 5 mm eingefügt werden. Wenn eine Arbeit viele Abbildungen und Tabellen enthält, empfiehlt es sich, nach dem Inhaltsverzeichnis eigene Verzeichnisse der Abbildungen und der Tabellen beizufügen.

5.4.4 Abkürzungen

Abkürzungen, besonders unbekannte Abkürzungen, stören den Lesefluss. Deshalb ist bei der Verwendung von Abkürzungen innerhalb eines Textes Zurückhaltung angesagt. Wer viele und auch unbekannte Abkürzungen benutzt, sollte diese in einem Abkürzungsverzeichnis aufführen. Umfassende Informationen über gängige Abkürzungen und Aufschlüsse zur Klärung unbekannter Abkürzungen finden sich in Spezialwörterbüchern (z.B. in Werlin 1999). Einige in wissenschaftlichen Arbeiten gängige Abkürzungen sind in der folgenden Zusammenstellung aufgelistet:

a.a.O.	am angegebenen Ort	Hg., Hrsg.	Herausgeber
Abb.	Abbildung	hg. (auch: hrsg.)	herausgegeben
Anm.	Anmerkung	Jh.	Jahrhundert
Aufl.	Auflage	Jg.	Jahrgang
Bd., Bde.	Band, Bände	Kap.	Kapitel
bearb.	bearbeitet	Lit.	Literatur
Beisp.	Beispiel	neu bearb.	neu bearbeitet
bzw.	beziehungsweise	Nr.	Nummer
ca.	circa	o.J.	ohne Jahr(esangabe)
d.h.	das heißt	o.O.	ohne Ort(sangabe)
d.i.	das ist	S.	Seite oder Seiten
Diss.	Dissertation	Tab.	Tabelle
ed., eds.	editor, editors, edited by	u.a.	und andere; unter anderem
e.g.	exempli gratia ‚zum Beispiel'	überarb.	überarbeitet
Einl.	Einleitung	übers.	übersetzt
ersch.	erscheint, erschienen	usw.	und so weiter
erw.	erweitert	verb.	verbessert
et.al.	et alii ‚und andere'	Verl.	Verlag
f.	folgende (Seite)	vgl.	vergleiche
ff.	folgende (Seiten)	wiss.	wissenschaftlich
Fig.	Figur	z.B.	zum Beispiel

Wer bestimmte Ausdrücke abkürzt, sollte darauf achten, die betreffenden Ausdrücke immer abgekürzt zu schreiben; es sei denn, eine Abkürzung würde an den Satzanfang zu stehen kommen. Am Satzanfang stehen keine Abkürzungen. Bei Abkürzungen, die aus mehreren mit Punkt getrennten Einzelbuchstaben bestehen *(d.h., z.B.)*, wird zwischen diesen einzelnen Buchstaben ein Abstand gesetzt; am besten ein so genanntes geschütztes Leerzeichen, damit eine solche Abkürzung am Zeilenende nicht getrennt wird.

5.4.5. Fremdsprachige Begriffe

Einzelne fremdsprachige Ausdrücke oder Begriffe, die innerhalb eines deutschen Textes als Beleg oder Beispiel dienen, werden kursiv gesetzt. Wird für einen solchen Begriff eine Übersetzung, also gewissermaßen eine deutschsprachige Bedeutung, angegeben, steht diese in halben Anführungszeichen.

Kernbegriff der schwedischen Innenpolitik war in den Jahren vor und nach dem Zweiten Weltkrieg das *folkhem*, ‚Volksheim'.

Bedeutungsangaben werden übrigens generell in halbe Anführungszeichen gesetzt.

5.4.6 Fußnoten, Fußnotenzeichen

Fußnoten dienen dazu, Schulden zu bezahlen.   *Umberto Eco*

Fußnoten sind ein besonders auffälliges Gestaltungselement, sie gelten gar als kennzeichnendes Merkmal wissenschaftlicher Texte, zumindest deutschsprachiger wissenschaftlicher Texte. Gelegentlich wird außerhalb der Wissenschaften recht harsch auf Fußnoten reagiert, weil offenbar diese Form der Darstellung des Wissens etlichen Lesern als eine Art Schreckbild schwerfälliger und unverständlicher Präsentation gilt. Vorhandene Aversionen gegen Fußnoten sind aber noch lange kein Grund dafür, am besten gleich auf Fußnoten zu verzichten, wie es sogar einzelne Anleitungen zum Verfassen wissenschaftlicher Arbeiten vorschlagen. Genauso wenig wie ein Text dadurch zu einem wissenschaftlichen Text wird, dass man ihn mit vielen Fußnoten versieht, führt der Verzicht auf Fußnoten direkt zu besser lesbaren wissenschaftlichen Texten.

Fußnoten können eine Reihe von Funktionen erfüllen. Einige seien nachfolgend genannt:

→ Sie können der Dokumentation dienen, indem sie auf die Herkunft von Zitaten oder auf Literatur hinweisen. Was diese Funktion des reinen Belegnachweises oder des Verweises auf einzelne Titel betrifft, so kann man tatsächlich meistens auf Fußnoten verzichten. Diese Nachweise lassen sich direkt in den Text integrieren, wenn man etwa mit dem Autor-Jahr-System arbeitet (vgl. Abschnitt 6.2).

→ Sie ermöglichen die Einordnung eines im Text dargelegten Sachverhalts in die Fachdiskussion. Es kann auf wichtige Stationen der Forschungsgeschichte verwiesen werden oder es lassen sich unterschiedliche Positionen innerhalb der fachlichen Diskussion benennen. Es kann auch Literatur angegeben werden, in der der betreffende Sachverhalt ausführlicher dargestellt wird.

→ Sie ermöglichen es, den eigenen Argumentationshintergrund zu verdeutlichen, indem man darauf hinweisen kann, durch welche Personen oder Werke man zu bestimmten Untersuchungen oder Gedankengängen angeregt worden ist.

→ Sie dienen dazu, Feststellungen des Textes zu ergänzen, indem sie zusätzliche Informationen, Beispiele, Folgerungen oder Kommentare aufnehmen. Sie ermöglichen es, ein unterstützendes Zitat zu bringen, das den Textfluss gestört hätte.

→ Sie können die Übersetzung einer fremdsprachigen Textstelle enthalten oder umgekehrt das Zitat in der Originalsprache.

Diese textergänzenden und texterweiternden Funktionen der Fußnoten sind kein Selbstzweck. Jede Fußnote muss im Hinblick auf den gesamten Text ausgerichtet und angemessen sein. Fußnoten sind also keine Sammelbecken der Mitteilsamkeit, in denen alle möglichen Notizen und Lesefrüchte untergebracht werden können.

Fußnoten werden gelegentlich nicht direkt unten an der Seite gedruckt, sondern als Anmerkungen gesamthaft an den Schluss des Textes gestellt. Die Platzierung von Fußnoten als Anmerkungen am Textende ist sehr leseunfreundlich und heute, da die meisten Textverarbeitungsprogramme über eine automatische Fußnotenverwaltung verfügen, nicht mehr gerechtfertigt.

Eine Fußnote kann sich auf ein einzelnes Wort oder auf einen ganzen Satz beziehen. Das hat auch Auswirkungen auf die Platzierung der Fußnotenzeichen. Wenn sich die Fußnote auf den ganzen Satz bezieht, steht das Fußnotenzeichen nach dem Satzschlusszeichen. Bezieht sich die Fußnote nur auf ein Wort oder eine Wortgruppe, steht das Fußnotenzeichen unmittelbar nach diesem Wort oder dieser Wortgruppe und damit vor dem Satzschlusszeichen.

5.4.7 Zitate, Zitieren

So ein paar grundgelehrte Zitate zieren den ganzen Menschen.   *Heinrich Heine*

Direkte wörtliche Übernahmen aus Quellen müssen als Zitate durch Anführungsstriche oder typographische Hilfsmittel gekennzeichnet werden. Kürzere Zitate, Zitate, die nicht länger als drei Zeilen sind, werden mit Anführungszeichen versehen in den Text gesetzt. Bei längeren Zitaten wirkt es übersichtlicher, wenn man sie deutlich vom übrigen Text abhebt durch Einrücken und engzeiliges Schreiben; in diesem Fall brauchen keine Anführungszeichen mehr gesetzt zu werden. Ein mögliches Format für Zitate ist ein Einzug von 1 cm links und rechts, eine Schriftgröße von 10 Pt mit einem der Schriftgröße entsprechenden Zeilenabstand (vgl. 5.3) und einem Abstand vor und nach dem Zitat von je 5 mm (6 Pt). Das Zitat muss der Vorlage genau entsprechen, mit allen sprachlichen Eigenheiten und eventuellen Fehlern. Im Zweifelsfalle lohnt es sich, den Wortlaut noch ein weiteres Mal zu verifizieren, denn beim Abschreiben unterlaufen einem erstaunlich viele Fehler. Enthält das Zitat offensichtliche Fehler, druckt man diese ab und setzt in eckigen Klammern den Vermerk [sic] dahinter. *Sic,* das lateinische Wort für ‚so‘, dient als Kurzform für die Aussage „so lautet die Quelle". Veränderungen müssen angezeigt werden: Auslassungen durch drei Punkte in eckigen Klammern, Änderungen (z. B. Hervorhebungen oder grammatikalisch bedingte Anpassungen von Wörtern) oder Ergänzungen (z. B. Erläuterungen von Ausdrücken, die sich aus der zitierten Stelle nicht allein erschließen lassen, oder syntaktisch notwendige Anpassungen) sind ebenfalls in eckige Klammern zu setzen und gegebenenfalls noch mit den Initialen des Verfassers oder der Verfasserin zu versehen.

Was jedoch sicherlich Bestand haben wird [= bei der linguistischen Auseinandersetzung mit Fachsprachen, J. N.] und sich in der Praxis bereits bewährt hat, ist die im Zuge der Pragmatisierung vollzogene Hinwendung zum Text. Die Erkenntnis, dass die textuelle Komponente eine wesentliche Konstituente von Fachsprache ist, ist weder auf der theoretischen Ebene angreifbar noch gefährdet ihre praktische Umsetzung die erfolgreiche Bewältigung des fachlichen Alltags. (Gardt 1998: 57)

In addition to translating it [= die Forschungsergebnisse von Wissenschaftlern, J. N.] for the reader, [...] we must point out if it is controversial or well regarded in the field. We have all heard from scientists who were hurt that we didn't use precisely their language in the story. (Russell 1986: 92)

Die Einzelabänderungen – Fixirung [sic] des Schwankenden – können hier weder speziell aufgeführt, noch begründet werden. Sie bestehen meist in der Anwendung längst gutgeheißener Grundsätze auf Ausnahmen [...]. (Schweizerischer Lehrerverein 1882: VII)

Zitate können in einen laufenden Satz eingegliedert werden. Das Zitat und der Satz sind dabei grammatisch und syntaktisch möglichst genau aufeinander abzustimmen; soweit durchführbar gilt dies auch bei fremdsprachigen Zitaten. Allzu verkrampfte Verbindungen zwischen Zitat und eigenem Text werden besser vermieden, genauso wie Sätze, die nur aus zitierten Ausdrücken und einigen syntaktisch verbindenden Wörtern bestehen. Einige Beispiele für mögliche Formulierungen:

Sie liegen „wie ein großer Kranz" oder ein „drückende[r] Ring" um die deutsche Gemeinsprache und beeinflussen diese vielfältig.

Bei allen fachspezifischen und individuellen Unterschieden kann doch „von *einem* Konzept des Wissenschaftlichen Artikels ausgegangen werden" (Graefen 1997: 8) [Hervorhebung u. Großschreibung im Original].

Bei einer gelungenen, eleganten und klaren mathematischen Formulierung drängen sich, mit von Weizsäckers Worten ausgedrückt, „ästhetische Kategorien unausweichlich auf", wenn man über dieses Werk sprechen will.

Die Messtechniker bestätigten, „that they had not been able to identify the object".

Wird eine Stelle zitiert, innerhalb deren Anführungszeichen stehen, so müssen diese unter Umständen verändert werden, und zwar dann, wenn das Zitat im Text in Anführungszeichen gesetzt ist. In diesem Fall werden innerhalb des Zitats halbe Anführungszeichen verwendet. Bei den Zitaten, die ohne einrahmende Anführungszeichen typographisch hervorgehoben werden, können innerhalb des Zitats die normalen Anführungszeichen beibehalten werden.

Dies betont auch Gardt (1998: 49): „Angesichts dessen [= der faktisch nicht vorhandenen Eindeutigkeit, J.N.] mag die Propagierung [...] ‚kommunikativer Monosemierung' im Gegensatz zu ‚system- oder textimmanenter Monosemierung' die einzig sinnvolle Konsequenz für den Umgang mit Fachsprachen sein."

Grundsätzlich wird direkt nach der Originalquelle zitiert. Zitieren aus zweiter Hand, aus einer Quelle, die die betreffende Stelle zitiert, ist nur dann zulässig, wenn nicht mit vertretbarem Aufwand auf das Original zurückgegriffen werden kann. Der vertretbare Aufwand hängt vom Thema und der Ausrichtung der Arbeit ab. Wird eine Quelle nicht direkt, sondern aus zweiter Hand zitiert, ist dies zu vermerken:

Leonardo da Vinci, zitiert nach Olschki (1918: 354).

In der Regel wird aus gedruckten und veröffentlichten Quellen, aus Büchern, Artikeln und Aufsätzen oder aus offiziell archivierten Quellen zitiert. Es ist aber unter Umständen möglich, bei einigen Themen sogar erforderlich, sich auch auf unveröffentlichte Werke, private Unterlagen und persönliche Mitteilungen zu stützen und aus solchen Unterlagen zu zitieren. Dies muss in den jeweiligen Fußnoten zum Zitat entsprechend festgehalten werden:

3 Smith, John: Persönlicher Brief an den Verfasser vom 5. Januar 1996.

4 Mündliche Mitteilung des Leiters der Brandenburgischen Staatskanzlei, Dr. XY, 11. November 1994.

23 Aus einem Probeartikel zum Wortkomplex Metalle, der in dem Seminar *Wortforschung* des Wintersemesters 1996/1997 vorgelegt wurde.

Nicht jede Quelle wird wörtlich zitiert, oft bezieht man sich auch sinngemäß auf bestimmte Literatur oder Textstellen. Auch wenn nicht wörtlich, sondern sinngemäß zitiert wird, muss auf die Quelle verwiesen werden. Dazu dient häufig die Abkürzung vgl. Wichtig ist beim indirekten Zitieren, den Sinn der Textstelle unverfälscht wiederzugeben und sicherzustellen, dass für die Lesenden deutlich ist, wann der Autor oder die Autorin der Arbeit spricht und wann die Quelle zu Wort kommt.

Hoffmann (1985: 66) hat selbst angemerkt, dass die Schichtenmodelle Vereinfachungen in Kauf nehmen und zum Teil virtuellen Charakter tragen.

Das trifft nicht in allen Wissenschaften in gleichem Maße zu; im Sprachgebrauch der Naturwissenschaften zeigt sich eher eine stärkere Eindeutigkeit der Termini (vgl. Jahr 1993: 33f.).

6 Belegen von Literatur und Quellen, Literaturangaben

> *Treffende Bemerkungen darüber las ich einmal bei Erich Seeberg, weiß aber nicht mehr wo.*
>
> *Hans-Georg Gadamer*

6.1 Belegen und Verweisen

Ein Kennzeichen wissenschaftlicher Aussagen ist die Nachprüfbarkeit der Methoden, die Offenlegung der Quellen, die nachvollziehbare Darstellung der Argumentation und das Veröffentlichen der Ergebnisse. Diese Eigenschaften haben für das Schreiben einer Arbeit zur Folge, dass die Quellen und Werke, auf die man sich stützt, genau anzugeben sind, und zwar sowohl in einem Literaturverzeichnis, in dem sämtliche für eine Arbeit benutzten Materialien aufgeführt werden, wie auch jedes Mal, wenn im Text auf sie zurückgegriffen wird; also auch, wenn nicht im Wortlaut zitiert wird, sondern eine Quelle nur dem Sinn nach benutzt wird.

Stützt man sich für die Darlegungen in einem Abschnitt intensiv auf eine oder mehrere Quellen, so muss allerdings nicht bei jedem Satz ein Verweis angebracht werden. Vielmehr kann nach dem ersten Satz des Abschnitts in einem generellen Verweis auf diese Quellen hingewiesen werden, sodass nur noch die eventuellen wörtlichen Zitate jeweils genau nachgewiesen werden müssen.

1 Die folgenden Darlegungen zur Geschichte der Lehre der Naturwissenschaften an den Universitäten stützen sich auf Heidelberger/Thiessen (1981: 183–267), Teichmann 1980 (194–236) und Mason (1974: 137–320).

Es ist auch nicht jede Behauptung zu belegen. Allgemeinwissen und in einem Fach allgemein bekanntes Wissen muss nicht belegt werden. Allerdings stellt sich in diesem Zusammenhang das Problem, dass die Frage, was als allgemein bekannt oder innerhalb eines Faches als gängiges Wissen vorausgesetzt werden kann, alles andere als trivial ist. Dies versteht sich keineswegs von selbst, sondern es ist gerade Teil einer jeden fachlichen Ausbildung, sich einen entsprechenden Erfahrungs- und Einschätzungshorizont anzueignen. Um das etwas plakativ zu illustrieren: Wer Goethe oder Kant erwähnt, bringt selbstverständlich keine Fußnote oder Klammer mit dem Vermerk *bedeutender deutscher Dichter* oder *deutscher Philosoph* an. Aber wie steht es in einer Arbeit außerhalb der germanistischen Literaturwissenschaft mit Christian Friedrich Daniel Schubart oder Cäsar von Arx und in einer nicht philosophischen Arbeit mit Christian Garve? Die Ansprüche an die Zitiergenauigkeit hängen auch vom Textteil ab. So ist es beispielsweise bei einem Motto erlaubt, nur den Urheber der Äußerung und nicht die genaue Fundstelle anzugeben, was bei wörtlichen oder sinngemäßen Zitaten im laufenden Text nicht angemessen wäre.

6.2 Literaturbelege und -verweise im laufenden Text (Autor-Jahr-System)

Wird an einer Stelle auf Literatur zurückgegriffen oder aus einem anderen Text zitiert, so ist, wie in den vorherigen beiden Abschnitten erwähnt, die betreffende Literatur oder Quelle an dieser Stelle genau anzugeben. Weil in einer Arbeit auf eine Quelle meist mehrfach zugegriffen wird, wäre es sehr unökonomisch, an jeder Stelle, an der auf eine bestimmte Quelle verwiesen wird, diese mit den vollständigen Literaturangaben zu zitieren. Deshalb haben sich auch eine Reihe von Möglichkeiten für Kurzverweise auf Literatur im laufenden Text herausgebildet. In älteren Arbeiten war es üblich, bei der ersten Erwähnung einer Quelle deren Angaben vollständig aufzuführen und bei späteren Erwähnungen mithilfe einer Reihe von Abkürzungen, die verschiedene Unterscheidungen ausdrückten (a. a. O., op. cit., loc. cit., ibid., ebd.), und gegebenenfalls mit Kurztiteln auf diese Quelle zu verweisen. Seit einiger Zeit haben sich einfacher zu handhabende und übersichtlichere Möglichkeiten von Kurzbelegen herausgebildet, die auf dem Zusammenwirken von Kurzbeleg und Literaturverzeichnis basieren: Der Kurzbeleg wird im Literaturverzeichnis vollständig aufgeschlüsselt. Bei den älteren Arbeiten ist vielfach auf ein umfassendes Literaturverzeichnis am Schluss verzichtet worden, so dass man gezwungen war, die vollständigen Angaben zu einer Quelle mühsam in der ganzen Arbeit zu suchen (zur Rolle des Literaturverzeichnisses vgl. Abschnitt 6.4).

Gelegentlich findet sich auch noch eine Kombination der älteren und der neueren Art des Gebrauchs von Kurzbelegen, indem bei der ersten Erwähnung einer Quelle diese in einer

Fußnote vollständig angegeben und bei späteren Erwähnungen der Kurzbeleg verwendet wird, der auch im Literaturverzeichnis aufgeschlüsselt werden kann. Auf diese erste vollständige Erwähnung kann aber eigentlich problemlos verzichtet werden. Eine Möglichkeit des Kurzbelegs ist die Verwendung einer Referenznummer. Die Einträge des Literaturverzeichnisses werden durchnummeriert und die Nummern dem Eintrag in eckigen Klammern vorangestellt. So kann im Text allein mit der Referenznummer in eckigen Klammern auf einen Titel verwiesen werden. Diese Art des Belegs ist vor allem in naturwissenschaftlichen Arbeiten verbreitet.

wie in [47] dargelegt wird / (vgl. dazu [18] und [23: 34–45]) auch: (vgl. dazu [18] und [23: S. 34–45])

Eine Kombination von Autorenname und Kurztitel stellt eine weitere mögliche Kurzform dar. Für jede Literaturangabe wird ein Kurztitel festgelegt, sodass jeweils mittels des Autorennamens und des Kurztitels auf dieses Werk hingewiesen werden kann. Die Kurzform wird im Literaturverzeichnis vor die eigentliche Literaturangabe gestellt, damit sie leicht aufzuschlüsseln ist. Diese Kurzbelegform trifft man oft in literaturwissenschaftlichen Arbeiten an, weil dort häufig auf ältere literarische Werke Bezug genommen wird, die auch in einer Reihe von Editionen vorliegen können.

Eine ausführliche Diskussion der Konzeption „Stil als Wahl" findet sich in Sanders, Stilistik: 87–98. Entsprechende Untersuchungen finden sich schon in den Dreißigerjahren (z. B. Fleck, Wissenschaftliche Tatsache).

Im Literaturverzeichnis steht dann:

Fleck, Wissenschaftliche Tatsache: Fleck, Ludwik: Entstehung und Entwicklung einer wissenschaftlichen Tatsache. Einführung in die Lehre vom Denkstil und Denkkollektiv. [...]
Sanders, Stilistik: Sanders, Willy: Linguistische Stilistik. Grundzüge der Stilanalyse sprachlicher Kommunikation. [...]

Empfehlenswert ist das so genannte Autor-Jahr-System: Auf jede Quelle wird mit dem Namen des Autors und ihrem Erscheinungsjahr verwiesen, eine Angabe, die sich im Literaturverzeichnis leicht aufschlüsseln lässt, die einfach handhabbar und platzsparend, aber doch einigermaßen anschaulich ist – im Gegensatz zu bloßen Referenznummern – und die auch detaillierte Verweise ermöglicht. Eine Fußnote, in der auf viel Literatur hingewiesen wird, nimmt dank der Knappheit der Angaben nicht so viel Platz ein. Der Nachweis einer zitierten Stelle kann gleich in einer Klammer direkt hinter das Zitat gesetzt werden, sodass für einen Zitatnachweis nur in dem Falle eine Fußnote erstellt zu werden braucht, wenn dem Stellennachweis noch weitere Kommentare beizufügen sind. Verweise auf ein, zwei Titel lassen sich problemlos als Klammer im Text platzieren und sogar regelrecht in den Textfluss integrieren. Bei in den Text integrierten Verweisen stehen nur die Jahreszahl und allenfalls Seitenzahlen in Klammern, sonst, wenn der gesamte Literaturverweis einen Einschub in den Text darstellt, stehen Name, Jahreszahl und allenfalls Seitenzahlen in Klammern. Präzisere Verweise sind eine Dienstleistung für die Lesenden, deshalb sollte, wann immer es angemessen ist, nicht einfach auf eine Publikation generell, sondern auf einschlägige Stellen dieser Publikation verwiesen werden. Genauso ist eine Stellenangabe 19–56 hilfreicher als der generellere Verweis 19ff.

[...] Pestalozzi-Mythos (vgl. u. a. Osterwalder (1998: 56–114)). Noch in der zweiten Hälfte des 20. Jahrhunderts [...]
Das bei Thürmann/Otten (1992) vorgestellte Modell bilingualen Lernens bildet ...
Dies fällt in eine eigentliche „Aufmerksamkeitslücke", um mit Frey (1996: 35) zu sprechen.
Zur „Verwissenschaftlichung der Umgangssprache", zum Eindringen fachsprachlicher Phänomene in die Alltagskommunikation vgl. besonders Pörksen (1985) und (1994: 265–295); vgl. auch Adamzik/Rolf (1998); Hartmann (1980); Jung (1994), (1995) und (1999).

Wenn innerhalb eines Abschnitts mehrfach nacheinander auf die gleiche Quelle zurückgegriffen wird, so genügt für die auf den ersten Verweis folgenden Verweise unter
Umständen allein die Angabe der Seitenzahlen. Dies natürlich nur, solange nicht da-
zwischen auf eine andere Publikation hingewiesen wird.

Eine eingehende Erörterung der Diskussion um Schulentwicklung bietet Meier (1998). Nach einer kritischen
Erörterung der die Weiterbildung dominierenden Modelle (45–112), die allesamt „statisch" ausgerichtet
seien, entwickelt er sein Modell einer „vital-dynamischen Schulentwicklung" (115–134). Zusammenfassend
(195f.) stellt er fest ...

Hat ein Autor im gleichen Jahr mehrere Publikationen veröffentlicht, werden zusätzlich
zur Jahreszahl Kleinbuchstaben verwendet:

Danneberg 1998a / Danneberg 1998b / Danneberg 1998c usw.

Natürlich gibt es beim Autor-Jahr-System Fälle, bei denen nicht sofort ersichtlich ist, welche Jahreszahl anzusetzen ist; etwa bei Werken, die ins Deutsche übersetzt worden sind
(Jahreszahl der deutschen Übersetzung), oder bei Nachauflagen (bei bearbeiteten und
veränderten Neuauflagen nimmt man die Jahreszahl der Neuauflage; bei unveränderten
Nachdrucken eher die Jahreszahl der Erstauflage). Bei Unsicherheiten bedenke man auch,
dass das Autor-Jahr-System in erster Linie ein Verweissystem ist mit der Funktion, eine
eindeutige Zuordnung von Kurzbeleg im Text und vollständiger Angabe im Literaturverzeichnis sicherzustellen. Diese Funktion ist gewährleistet, ob man nun die Jahreszahl
der ersten Auflage für den Kurzbeleg nimmt und im Literaturverzeichnis ersichtlich wird,
dass man die fünfte Auflage benutzt, oder die Jahreszahl der fünften Auflage und dann
dem Literaturverzeichnis zu entnehmen ist, dass die erste Auflage zehn Jahre vor der
fünften Auflage erschienen ist. Die Wahl der richtigen Jahreszahl ist vor allem für die
Anschaulichkeit des Kurzbelegs von Bedeutung. Mit der Zeit sind einem wichtige Publikationen zu einem Themenbereich vertraut, sodass man sofort weiß, welche Publikation
mit (Sanders 1992) gemeint ist.

6.3 Literaturangaben

6.3.1 Zur prinzipiellen Form von Literaturangaben

Eine Literaturangabe hat zwei Funktionen zu erfüllen: Sie muss die betreffende Publikation eindeutig identifizieren und alle notwendigen Informationen enthalten, die es
ermöglichen, diese Publikation in einer Bibliothek ausfindig machen und bestellen zu
können. Dazu sind mindestens Autorname, Titel, Erscheinungsort und Erscheinungsjahr
einer Veröffentlichung erforderlich, bei unselbstständig erschienenen Publikationen
Autorname, Titel des Beitrags, Titel, Erscheinungsort und Erscheinungsjahr des Werks, in
dem der Beitrag erschienen ist. In der Regel enthalten Einträge im Literaturverzeichnis
nicht nur die minimal notwendigen Angaben, sondern weitere Informationen etwa zur
Reihe, zu dem Verlag, zu früheren Auflagen oder dem Titel in der Originalsprache.
Ein Blick in die Literaturverzeichnisse einiger wissenschaftlicher Publikationen zeigt,
dass sich bei aller Beachtung der prinzipiellen Informationsanforderungen bei den Details der Gestaltung der Literaturangaben eine Fülle von Varianten findet. Die folgenden
Beispiele zeigen ein mögliches Muster zur Gestaltung brauchbarer Literaturangaben.
Titel selbstständiger Veröffentlichungen werden mit Kursivschrift ausgezeichnet, Titel
unselbstständiger Publikationen in Anführungszeichen gesetzt. Die gesamte Literaturangabe wird am Schluss durch einen Punkt abgeschlossen. Ab der zweiten Zeile werden die
Literaturangaben etwas eingerückt (hängender Einzug).

6.3.2 Selbstständig erschienene Quellen

Das Grundmuster für die Angaben einer selbstständig erschienenen Quelle lautet:

Name, Vorname: *Titel. Untertitel.* Auflage. Verlagsort: Verlag, Jahreszahl (= Reihe).

Die Auflage eines Buches wird erst angezeigt, wenn es sich um die zweite oder eine weitere Auflage handelt. Die einzelnen Angaben werden jeweils durch einen Punkt getrennt, zwischen Autor und Titel sowie Verlagsort und Verlag steht ein Doppelpunkt, zwischen Verlag und Jahr ein Komma.

Mittelstraß, Jürgen: *Die Möglichkeit von Wissenschaft.* Frankfurt a. M.: Suhrkamp, 1974 (= Suhrkamp-Taschenbuch Wissenschaft; 26).

Sanders, Willy: *Sprachkritikastereien.* 2., überarb. Aufl. Darmstadt: Wissenschaftliche Buchgesellschaft, 1998.

Bei der Verwendung des Autor-Jahr-Systems hat es sich eingebürgert, die Jahreszahl in runden Klammern vorne zwischen Autornamen und Doppelpunkt hinzusetzen. Sie wird dann hinten meistens weggelassen.

Name, Vorname (Jahreszahl): *Titel. Untertitel.* Auflage. Verlagsort: Verlag (= Reihe).

Mittelstraß, Jürgen (1974): *Die Möglichkeit von Wissenschaft.* Frankfurt a. M.: Suhrkamp (= Suhrkamp-Taschenbuch Wissenschaft; 26).

Sanders, Willy (1998): *Sprachkritikastereien.* 2., überarb. Aufl. Darmstadt: Wissenschaftliche Buchgesellschaft.

Sind neben dem Verfasser noch Mitarbeiter oder Herausgeber anzugeben, werden diese nach dem Titel genannt. Informationen zu Erstauflagen, weiteren Auflagen oder dem fremdsprachigen Originaltitel werden in eckigen Klammern ans Ende der Literaturangabe gesetzt.

Fleck, Ludwik (1980): *Entstehung und Entwicklung einer wissenschaftlichen Tatsache. Einführung in die Lehre vom Denkstil und Denkkollektiv.* Mit einer Einleitung hg. von Lothar Schäfer und Thomas Schnelle. Frankfurt a. M.: Suhrkamp (= Suhrkamp Taschenbuch Wissenschaft; 312). [Textidentisch mit der 1. Aufl. von 1935].

Weizenbaum, Joseph (1978): *Die Macht der Computer und die Ohnmacht der Vernunft.* Übers. von Udo Rennert. Frankfurt a. M.: Suhrkamp (= Suhrkamp Taschenbuch Wissenschaft; 274). [Orig.: *Computer Power and Human Reason. From Judgement to Calculation.* 1976].

Ist ein Buch von zwei oder drei Autoren verfasst worden, wird zwischen die Namen der einzelnen Autoren ein Schrägstrich gesetzt. Bei mehr als drei Autoren wird nur der erste Name genannt und mit der Abkürzung et al. versehen.

Linke, Angelika/Nussbaumer, Markus/Portmann, Paul R. (1991): Studienbuch Linguistik. Tübingen: Niemeyer (= Reihe Germanistische Linguistik; 121).

Schulz, Joachim et al. (1998): usw.

Bei einem Sammelband, einem herausgegebenen Werk, erscheint nach dem Namen der Herausgeber in runden Klammern der Vermerk (Hg.).

Hengartner, Thomas/Rolshoven, Johanna (Hg.) (1998): Technik – *Kultur. Formen der Veralltäglichung von Technik – Technisches als Alltag.* Zürich: Chronos.

6.3.3 Unselbstständig erschienene Quellen

Das Grundmuster für die Angaben einer unselbstständig erschienenen Quelle lautet:

Name, Vorname: „Titel. Untertitel". In: Name, Vorname (Hg.): *Titel. Untertitel.* Auflage. Verlagsort: Verlag, Jahreszahl (= Reihe). Seitenangabe.

Auch hier hat sich das Vorziehen der Jahreszahl eingebürgert.

Name, Vorname (Jahreszahl): „Titel. Untertitel". In: Name, Vorname (Hg.): *Titel. Untertitel.* Auflage. Verlagsort: Verlag (= Reihe). Seitenangabe.

Buchner, Jutta (1998): „Technik und Geschlecht". In: Hengartner, Thomas/Rolshoven, Johanna (Hg.)
(1998): *Technik – Kultur. Formen der Veralltäglichung von Technik – Technisches als Alltag.*
Zürich: Chronos. 51–80.

Enthält der Titel des Beitrags Anführungszeichen, werden diese durch halbe Anführungszeichen wiedergegeben.

Rosenfeld, Uta (1998): „‚Auto, Leben und mehr ...'. Alltäglichkeit und Genuss von Automobilität".
In: Hengartner, Thomas/Rolshoven, Johanna (Hg.) (1998): *Technik – Kultur. Formen der Veralltäglichung von Technik – Technisches als Alltag.* Zürich: Chronos. 143–181.

Ist der Sammelband, in dem der Beitrag erschienen ist, ebenfalls als eigener Eintrag im Literaturverzeichnis aufgeführt, so kann die Literaturangabe des Beitrags auch mittels des Kurzbelegs des Sammelbandes gestaltet werden.

Buchner, Jutta (1998): „Technik und Geschlecht". In: Hengartner/Rolshoven (1998: 51–80).

Rosenfeld, Uta (1998): „‚Auto, Leben und mehr ...'. Alltäglichkeit und Genuss von Automobilität.
In: Hengartner/Rolshoven (1998: 143–181).

Bei Zeitschriften wird kein Ort, hingegen die Bandnummer angegeben, an die die Seitenangabe mit Komma angeschlossen wird.

Pobell, Frank (1987): „Supraleitung bei sehr tiefen Temperaturen". In: *Naturwissenschaften* 74, 168–174.

Bei Zeitungen sind die Nummer der Ausgabe und das Erscheinungsdatum anzugeben.

Becker, Liselotte (1988): „Hindernisse für neue Supraleiter". In: *Süddeutsche Zeitung* 298,
27. Dezember 1988, 38.

6.3.4 Unveröffentlichte Quellen

Unveröffentlichte Arbeiten werden wie unselbstständige Quellen behandelt und mit der Angabe des Typs der Arbeit versehen (Diplomarbeit, Diss., Mag-Arb., Habil-Schr. etc.).

Schmidt, Dietmar (1996): „Versteht man sie? oder: Der Weg zum idealen Lehrbuch. Eine kritische Untersuchung ausgewählter Lehrbücher zur Geomorphologie". Diplomarbeit Bonn, Universität.

Bei unveröffentlichten Materialien aus Archiven sind Autor (sofern überhaupt eruierbar) und Titel der Quelle sowie Fundort und Signatur anzugeben. Es werden weder Kursivierung noch Anführungszeichen verwendet.

Auswandererzahlen aus dem Regierungsbezirk Minden. Staatsarchiv Detmold. MI. IA, 95–101.

Wenn viele Quellen eines Verzeichnisses den gleichen Fundort haben, lohnt es sich, dafür eine Abkürzung festzulegen.

Auswandererzahlen aus dem Regierungsbezirk Minden. STAD MI. IA, 95–101.

6.3.5 Fremdsprachige Quellen

Für die Literaturangaben zu fremdsprachigen Publikationen benutzt man in der Regel die deutsche Begrifflichkeit, schreibt also (Hg.) statt (ed.) oder (éd.). Bei englischen Publikationen werden das erste Wort des Titels, das erste Wort des Untertitels sowie alle weiteren Wörter außer Artikeln, Präpositionen und Konjunktionen großgeschrieben.

Winchester, Simon (1998): *The Surgeon of Crowthorne. A Tale of Murder, Madness and the Oxford English Dictionary.* London: Penguin.

Bei französischen Publikationen wird üblicherweise neben Namen und festen Begriffen nur das erste Wort des Titels großgeschrieben. Das gilt auch für Publikationen in anderen romanischen Sprachen.

Sicard, Monique (1991): *Images d'un autre monde. La photographie scientifique.* Paris: CNRS Images Media.

6.3.6 Zitieren von Internetquellen

Auch für das Zitieren von Internetquellen gilt das Prinzip: Die Angabe ist so zu gestalten, dass die Quelle eindeutig identifiziert und lokalisiert werden kann. Es haben sich allerdings noch nicht in gleichem Maße feste Konventionen herausbilden können wie für gedruckte Quellen. Bei der Dokumentation von Internetquellen stellen sich eine Reihe neuer Probleme. Eine Webseite oder ein Dokument auf einer Webseite kann sich etwa schnell und ständig ändern, sodass die Quellenangabe eines Internetdokuments schon nach kurzer Zeit nicht mehr auf das gleiche Dokument, sondern auf eine geänderte Fassung verweist. Deshalb ist bei der genauen Angabe einer Internetquelle immer auch das Datum zu vermerken, an dem man auf die betreffende Webseite zugegriffen hat.

Eine eindeutige Benennung eines Internetdokumentes ist durch den *Uniform Resource Locator* (URL) möglich, der den Internetdienst (z. B. *telnet, usenet news* oder *http*), das Internetprotokoll und den Pfad angibt. Ein Beispiel einer URL eines Dokuments im World Wide Web (WWW): http://www.mso.ch/rechtschreibung/Test.htm

Dokumente aus dem Internet lassen sich auch folgendermaßen nachweisen:

Name, Vorname (Jahreszahl): „Titel". URL: Angabe der URL [Stand Datum der Abfrage].

Schrodt, Richard (1999): „Diesseits von G/gut und B/böse". URL:
http://www.univie.ac.at/Germanistik/schrodt/rechtschreibreform/diesseits.html [Stand: 17. August 1999].

Wenn das Dokument nicht einem einzelnen Autor zuzuordnen ist, sondern von einer Institution stammt, wird diese angegeben.

Universität Bern: „Ein geschichtlicher Überblick". URL: http://www.unibe.ch/history_d.html
[Stand 21. Oktober 1999].

Dudenredaktion: „Konrad Duden – Ein Name wird zum Synonym".
URL: http://www.duden.de/marke/image_konrad.html [Stand 20. Dezember 1999].

Dokumente aus anderen Internetdiensten werden analog zitiert.

Die URLs sind oft sehr lang, gleichzeitig können Punkte und Striche auch Teil einer URL-Angabe sein. Ein Fehler in der Schreibung einer URL führt dazu, dass der Browser die eingegebene Seite nicht finden kann: „The requested URL could not be retrieved". Deshalb sollten in der Angabe einer URL keine Wörter getrennt und am Ende der angegebenen URL sollte kein Punkt gesetzt werden. Wenn man eine URL trennen will, so kann man auf der ersten Zeile nach einem Schrägstrich oder einem Punkt abbrechen und auf der nächsten Zeile die URL weiterschreiben.

Schrodt, Richard (1999): „Diesseits von G/gut und B/böse". URL: http://www.univie.ac.at/Germanistik/
schrodt/rechtschreibreform/diesseits.html [Stand: 17. August 1999].

Am besten verzichtet man überhaupt auf eine Trennung innerhalb der URL, auch wenn das zu einer typographisch etwas unschön gestalteten Literaturangabe führt. Bis jetzt ist es nicht möglich, eine Stelle innerhalb eines Dokuments genau anzugeben. Beim Herunterladen einer Datei oder beim Ausdrucken ändern sich ja je nach Computer und dessen Einstellungen Seitenformate und andere Formatierungen, sodass daraus immer wieder unterschiedliche Seitenzahlen resultieren. Es gibt Möglichkeiten, Texte im so genannten PDF-Format abzuspeichern und sie so mit fest fixierter Formatierung ins Netz zu stellen. Davon wird aber nur in einigen Fällen Gebrauch gemacht.

6.4 Literaturverzeichnis

Das Literaturverzeichnis ist ein wesentlicher Bestandteil einer wissenschaftlichen Arbeit, der auf übersichtliche Weise Informationen über die einer Arbeit zugrunde liegende Literatur oder die genauen Angaben zu einem einzelnen Titel zugänglich macht. Im Literaturverzeichnis einer Arbeit ist sämtliche Literatur aufzuführen, die im Text zitiert oder erwähnt worden ist. Darüber hinaus ist es in einzelnen Disziplinen üblich oder möglich, auch grundlegende Werke zum Thema, die nicht direkt im Text erwähnt worden sind, aber etwa zum Einlesen benutzt wurden, anzugeben. Allerdings sollte von dieser Möglichkeit sparsam Gebrauch gemacht werden. Ein Literaturverzeichnis einer Arbeit ist nicht notwendigerweise eine groß angelegte Bibliographie des Themenbereichs, dem die Arbeit zuzurechnen ist. Wenn man als Teil einer Arbeit eine umfassende Bibliographie zu einem Thema erstellen und der Arbeit beigeben will, so muss dieses Literaturverzeichnis entsprechend bezeichnet werden. Bei umfangreichen Literaturverzeichnissen ist zu überlegen, ob nicht im Interesse der Übersicht eine Unterteilung nach sachlichen Kriterien vorgenommen werden kann. Häufig bietet sich eine Zweiteilung an in Primärquellen (Quellen, die den Untersuchungsgegenstand bilden) und in wissenschaftliche Literatur. Die einzelnen Titel sind im Literaturverzeichnis als vollständige Literaturangabe aufzuführen (vgl. Abschnitt 6.3).
Beim Überarbeiten eines Textes lohnt sich aller Erfahrung nach ein eigener Kontrollgang, bei dem genau überprüft wird (am besten durch Abstreichen), ob wirklich jeder zitierte Text und jede erwähnte Quelle auch tatsächlich im Literaturverzeichnis aufgeführt ist. Einen Kontrollgang wert ist übrigens auch die alphabetisch richtige Einordnung der einzelnen Literaturangaben im Literaturverzeichnis. Die Literaturangaben der selbstständig und unselbstständig erschienenen Literatur werden alphabetisch gemäß den Namen der Autoren oder Herausgeber, genauer gesagt, gemäß dem Namen des ersten Autors oder der ersten Herausgeberin eines Werks, geordnet. Anonyme Werke werden mit ihrem Titel alphabetisch eingereiht (ohne Berücksichtigung eines eventuellen Artikels am Beginn des Titels). Ist eine Arbeit von einer Institution herausgegeben worden, so wird nach dem Namen der herausgebenden Institution alphabetisch eingereiht (z.B. Statistisches Bundesamt/Kultusminister des Landes Nordrhein-Westfalen).

7 Zu guter Letzt

Nicht alle Aspekte des Schreibens wissenschaftlicher Arbeiten lassen sich mit einigen einfachen und eindeutigen Regeln erfassen. Das wäre auch der effektiven Vielfalt der in den einzelnen Wissenschaften gehandhabten Schreib- und Publikationspraxis nicht angemessen. Schon bei einem etwas genaueren Blick in einige Publikationen eines Faches wird ersichtlich, dass bei aller Strenge wissenschaftlichen Darstellens sich dann doch eine Vielfalt vor allem in Details der Gestaltung einzelner Darstellungselemente findet. Während des Schreibens wissenschaftlicher Arbeiten ist an vielen Stellen ein Abwägen nötig. Das Verfassen wissenschaftlicher Arbeiten ist nicht zuletzt eine Sache der Erfahrung und der Übung. Es ist aber auch eine handwerkliche Angelegenheit. Eine wissenschaftliche Arbeit entsteht in mehr oder weniger mühsamer Kleinarbeit und nicht als genialer großer Wurf, der sich auf einmal aus der Festplatte ergießt. Lassen Sie sich von den wissenschaftlichen Publikationen, mit denen Sie sich während des Verfassens Ihrer Arbeiten auseinander setzen, nicht täuschen oder gar entmutigen. Bei diesen handelt es sich um fertige Produkte. Auch sie sind jedoch nur durch viel mühselige Kleinarbeit zustande gekommen. Vergegenwärtigen Sie sich während des Schreibens auch immer wieder, dass niemand von Ihnen das Jahrhundertwerk erwartet, dass Sie genau genommen „nur" eine Seminar-, eine Magister-, Lizenziats-, Diplom- oder Doktorarbeit schreiben. Die Spannweite, innerhalb deren man sich während des Anfertigens einer wissenschaftlichen Arbeit bewegt – die rigide, einschüchternd, ja unerreichbar wirkende Form wissenschaftlicher Publikationen und der handwerkliche Aspekt der Beschäftigung mit konkreten Details einer Arbeit, einer durchaus machbaren Tätigkeit –, lässt sich etwas plakativ mit zwei Zitaten noch erleuchten:

der schreibstil der wissenschaft,

diese knappe form, dieser logische aufbau, diese fülle von tatsachen, diese geschlossenheit, diese vollständigkeit, diese demonstrierte freiheit von widersprüchen, beinah möchte man glauben, dass es wahr ist, dieses rotwelsch ist bestechend.
(Oswald Wiener: die verbesserung von mitteleuropa. Reinbek bei Hamburg: Rowohlt Verlag, 1972. XX.)
[Kleinschreibung im Original, J. N.]

Eine wissenschaftliche Arbeit bedeutet Spaß haben, und es ist mit der Arbeit wie mit dem Schlachten eines Schweines, wie die Italiener sagen: Man wirft nichts davon weg.
(Umberto Eco 1998: 265)

8 Erwähnte Literatur zum Thema

Eco, Umberto (1998): Wie man eine wissenschaftliche Abschlußarbeit schreibt.
 7., unveränderte Aufl. Heidelberg: C. F. Müller (= UTB; 1512). [1. Aufl. 1988;
 Orig.: *Come si fa una tesi di laurea.* Milano 1977].
Friedrich, Christoph (1997): *Schriftliche Arbeiten im technisch-naturwissenschaftlichen
 Studium. Ein Leitfaden zur effektiven Erstellung und zum Einsatz moderner Arbeitsmethoden.*
 Mannheim etc.: Dudenverlag (= Duden Taschenbücher).
Kruse, Otto (1997): *Keine Angst vor dem leeren Blatt. Ohne Schreibblockaden durchs Studium.*
 5. Aufl. Frankfurt a. M./New York: Campus Verlag (= campus concret; 16).
Narr, Wolf-Dieter/Stary, Joachim (Hrsg.) (1999): *Lust und Last des wissenschaftlichen
 Schreibens. Hochschullehrerinnen und Hochschullehrer geben Studierenden Tips.*
 Frankfurt a. M.: Suhrkamp Verlag (= Suhrkamp Taschenbuch Wissenschaft; 1437).
Werlin, Josef (1999): *Wörterbuch der Abkürzungen. Rund 38 000 nationale und internationale
 Abkürzungen und was sie bedeuten.* 4. neu bearb. u. erw. Aufl. Mannheim etc.: Dudenverlag (= Duden Taschenbücher).